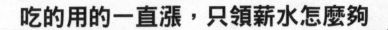

吃的用的一直漲，只領薪水怎麼夠

月薪兩萬初，
財庫怎麼補？

財經企管
趨勢大師 陳富生 / 著

荷包
逆轉富
!!

$ 1,000.00
$21,495.00
$10,000.00
$ 5,000.00
$ 3,000.00
$ 3,000.00

Reach the Riches.

應富自如的成功心法

　　「富比士富豪排名比爾蓋茲再奪第一」、「巴菲特躍升全球首富，Facebook創辦人最年輕富豪」等光鮮聳動的新聞標題，不斷在電視螢光幕上流轉，彷彿那些西裝筆挺的身影，已然成為追逐和稱羨的典範。經由大眾傳媒的反覆建構，關於富有的美好深植人心，洋房的寬敞、座轎的奢華、膳食的精緻與衣著的明豔，繪製成一幅幅仙境般的生活圖像。然而這都尚是其次，重點在於富豪的眼神與舉止之間，往往流露一股非凡的自信與氣度。

　　當「富」被鼓吹為正面價值的同時，追求「富」的社會潮流也隨之襲捲。深諳企業家式的闊綽絕非一蹴可幾，「富有」並非絕對標準而是相對性質後，社會大眾撇開因望塵莫及而引發的消極，開發出一套屬於平民的求富文化，從彩券行前的長龍隊伍到新興的部落格廣告BlogAD，都是這股風潮的明證。

　　的確，財富的同義詞並不等於過萬破億，即使是終日勞碌的薪水族終於盼到了微薄的加給，也可以勇敢自詡「我比過去更富有」。隨著財富的累積，生活的水準亦將漸趨爬升，先在心底預設「富」字的遙不可及，就是把唾手可得的「富」字拱手讓人。

　　釐清了第一點錯誤觀念之外，還應了解富本身就是一把「雙面刃」。它既令人稱羨，卻也遭人排拒，原因就在於富往往與某些負面觀感密不可分，例如奢侈、傲慢、壓榨、弱肉強食……。基於中華傳統的道德教化，經常將財富視為醜惡與自私（例如「朱門酒肉臭、路有凍死骨」），將守窮視為堅貞的節操（例如「一簞食，一瓢飲，在陋

巷，人不堪其憂，回也不改其樂。」）

　　然而，這些名詞絕非財富的同義詞，財富本身是中性的表徵、客觀的物體，它的美好與醜惡，只建立在持有者如何產生與運用之上。為自己與家人爭取幸福，通常是追求財富最基本的宗旨，因此求財完全不應引為詬病，只要不建立在非法、欺瞞或剝削等前提之上，這種信念完全毋須掩藏。

　　第三，即使有些人對數字冷感、對求財更加興趣缺缺，也並非注定要與財富形同陌路。倘若對現有的經濟環境存在些微怨懟，就可以產生改變的能量，讓自己比過去更為富有。有了財富的加持，懷抱的夢想才有更多實踐的資本。根據亞伯拉罕·馬斯洛（Abraham Harold Maslow）的需求層次理論（Hierarchy of Needs），最低層次的需求如生理需求、安全需求都難以滿足時，又怎能毫無後顧之憂地享受自我實現的感動呢？

　　本書的誕生，不僅扭轉一般人對於「富」的刻板想像，更企圖由內而外，打造一套應「富」自如的成功心法，讓每個求富者不僅能在物質生活上感到豐盈，也能在心靈層面感受富足。第一章「觀念篇」，為讀者奠定致富的內在基礎，導航致富方向；第二章「錢進篇」，實質介紹各種理財工具的應用，並詳介優勢與風險；第三章「實戰篇」，針對薪水族的切身需求，介紹各種便捷多元的「廣」「近」財源；第四章「勵志篇」，振奮遲疑的人起步、激勵挫敗的人行動，透過成功人士先行的足跡，為讀者鋪築一條致富的康衢。

　　「人先自助，而後天助」（God helps those who help themselves）。致富不是冀想，不是口號，而蘊藏在行動當中；讀罷本書將讓讀者能量豐沛、顛覆思維、倒轉觀念，從今而起勇於逆轉人生！

Contents

Reach the riches

Contents

第四章 勵志篇

第一章

觀念篇

Reach
the riches

要賺錢，就要能轉換思維

致富前提來自認識自己

　　蘇格拉底曾說：「認識你自己，才能認識這個世界。」

　　的確，向內挖掘，應當視為向外拓展的前提，才能確保汲取到的成就，切合自己最初的冀想。自視平庸的人往往忽略自我檢視的步驟，積極尋找成功典範的先例作為依循，也因此許多集團總裁如王永慶、嚴長壽、張忠謀等的著述傳記，每每在暢銷排行榜上傲視群倫；然而成功者的樣態多元，從個性、興趣、習慣到能力都各擅勝場，若想複製成功者的思維，也應該先徹底勘量自我的形貌。當我們惰於發掘自我潛能，只期待競相效尤名人楷模時，最常看見的結局將會如同——在拍賣現場爭先恐後，搶獲的卻是一件不合身的禮服。

客觀評估自我

　　徹底認識自己可以減少徘徊歧路的機會，也能善用倏忽即逝的年華，掌握自身的興趣、潛能與專長，量身訂作屬於個人的未來。而徹底認識自己的首要步驟，就是先將自己當成他人，以客觀的角度評估自我。

　　客觀評估自我並非易事，有些人會妄自菲薄，認為自己一無是處、毫無所長，不管從事哪個領域都不可能脫穎而出；有些人則自欺欺人，為弱點找理由、為失敗找藉口，竭力迴避自己不願接受的事實。這兩種人倘若遭遇事業失敗，前者將會因此一蹶不振、瑟縮不前，更加確信自己的無能、否定自己的潛力；而後者將會陷於懷才不遇、孤芳自賞的境地，自怨自艾機遇不足，甚至嫉怨他人能得伯樂賞識。

　　無論是上述哪種心態，兩者皆會使人無法正視自己的價值，尋覓不著自己在社會中的最適定位，也因此只能將努力拋諸腦後，或是持續著對未來無所助益的求知歷程，結果反而離理想中的人生越來越遠。

　　因此，**客觀評估自我的關鍵要點之一，就是——以「他人」或「過去的自己」作為比較基準。**

　　假設一個自我評估的情境，例如你的夢想是成為設計產業的龍頭集團總裁，首先即要列出符合這個職位需求應該具備的能力，如創意、跨領域知識、前瞻性、整合能力……等等，接著依序為自己給分，分數的參照基準應該是從業界相關人士的眼光，評估自身能力是否切合時代與產業需求等，而非依據自由心證。

有了客觀的比較對象，就能減少囿於自身成見，妄加批駁或誇大，最終做出不符需求結論的可能，也因而更有機會做出正確的判斷，找到自己的心之所嚮。

然而，比較基準並不一定要是他人，也可以是自己，不過這個自己必須是「過去的自己」。與他人相比，重點在於找出定位；與自己相比，重點則在於掌握能力。自己有無進展只有自己瞭若指掌，把現在的自己與過去的自己兩相對照，各方面能力究竟是持續攀升、停滯不前還是今不如昔？藉由這樣的參照過程，便得以清楚知悉自身的成長軌跡，更精準地掌握個人條件。

客觀評估自我的關鍵要點之二，則在於盡可能地展現自我潛能。

不要怕自己的識見流於空泛、創意流於俗濫，因為那就是以你現有的資源可以做出的呈現，象徵著你的能力可以企及的水準。如果過分在乎外界評價，容易綁手縛腳，雖然不容易出錯，但也可能因此限制了潛能的發揮。要記得你的經驗與智慧獨一無二，與他人的思考邏輯更是絕不相同，再平凡的想法都可能有其獨到精微之處。

牢記以上兩個要點，就可以為自己的能力做出一幅完善的量表，發現自己的優勢與劣勢。挖掘優劣的目的在於未來的「揚長避短」，因而即使面對結果也應保持客觀，不因優點而自滿，也不因劣勢而歎惋。

如果你的致富信念十分強烈，你就可以成為有錢人。這個觀點的依據，出自於我們自信可以掌握自己的命運，我們每個人都

是堅強與軟弱、機會與限制的獨特複合體，我們有獨一無二的人生哲學，更有無可取代的個人性格，這些哲學和性格都在我們選擇的人生歷程中悄悄塑形，是我們主觀選擇和客觀環境的共同結果。

如果你善待自己，你就會明白你是特有的本質、智慧與情感的組合，有些致富道路可能對你暢通無阻，有些卻注定會讓你飽受挫敗，這並不是說只要你生於貧窮就該永遠甘於貧窮，更不是說只要你生為女人就必須恪守女性的性別分工。環境及文化條件不過是整幅圖畫的一部分，對你能起激發作用並決定你個人價值的內部力量，應該來自你自己的抉擇。

如果不能正確認識自我，取得真正成功的機會就會減少，因為在你感到不適應或是注意力不集中的時候，就會影響各方面能力的施展，即使你在技術上勝任某一個角色，但如果對自己缺乏肯定，那就絕對難以臻至最佳狀態。

解放潛能，發揮價值

喬・吉拉德（Joe Girard）是一位曾經創下四項金氏紀錄，一九七七年「最偉大的汽車銷售員」。他創下全球單日、單月、單年度銷售量，以及汽車銷售總量的輝煌紀錄，至今仍然無人能望其項背。二〇〇一年，他甚至躋身汽車界的最高榮譽「汽車名人堂」（Automotive Hall of Fame），以汽車銷售員的身分和車業創辦名人分庭抗禮。

然而，喬・吉拉德的光環，乃是經歷一番淬鍊磨耗才得以綻

放。一九二八年，他出身於底特律東區的貧民窟，為義大利裔西西里人，自小缺乏自信、甚至患有嚴重口吃的障礙。先天與社會條件的限制，讓喬‧吉拉德只能從事低階的低薪工作，如擦鞋童、送報生、洗碗工……等等，其在三十五歲之前總共換過四十種工作，甚至還曾因非法營利遭到警方逮捕。

　　即使他的人生始終漂泊顛沛，從事的工作更不光鮮亮麗，但正因環境的煎熬讓他不得不珍惜每個營生的機會，對每份工作都展現出超凡的堅持與毅力。例如在從事送報工作時，他對報戶的積極爭取，已經燃起他對推銷的熱情之苗。

　　三十五歲是他人生的轉捩點。在走投無路之下，他進入了汽車銷售界，在當時有「汽車城」之稱的底特律而言，競爭激烈的程度就像上百萬隻螞蟻搶食一粒餅屑；然而衣食的匱乏，卻無所不在地推動他追求財富的慾望。

　　嚴重口吃的毛病，在此竟然成為喬‧吉拉德的優勢，他能放慢速度表達想法，也能耐心傾聽顧客需求，反而比能言善道的銷售員更能走進人心；他更有耐心堅持的毅力，不斷以卡片攻勢為顧客「洗腦」，長久下來，「喬‧吉拉德」這個名字幾乎成為顧客心中「買車」的同義詞。

　　獨樹一格的銷售能力讓喬‧吉拉德業績一路長紅，成為世界最偉大的銷售員，然而為了賺錢，他甚至放棄升遷與跳槽的機會，因為他深諳自我的理想，就是要擺脫社會底層的困頓；而要達到這項目標的關鍵就是：持續賺更多的錢。從不幸的經歷中對自己的徹底認識，加上困阨境遇激發的存活潛能，喬‧吉拉德的

故事證明了，每個一無所有者，都有逆轉致富的可能。

　　我們應該不時停下來嚴格地檢視自己，去除對致富具有重大阻礙的主觀偏見，堅信自己能夠達成理想，能夠臻至巨富，因為我們每個人都擁有無窮無盡的潛能，只是因為主觀或客觀的條件限制，抑制了它的發揮。

　　有了這樣的認知之後，我們就要開始尋覓最適合自己耕耘的土地，積極探求足以應用的知識，並且透過實踐中不斷的反饋、充實和提升，形成良性循環，獲得最大效益。

　　捫心自問，許多人總是認為能力來自天生，後天的改造也難以與「天才」相競；然而實際上，大多數人的能力，都是被喚而後起，被推而後醒，再卓越的能力若得不到適當的激發與表現的環境，也只會長期隱而不現。

　　致富的過程就像一條河，時而平緩，時而湍急。身處河流當中的人，可以選擇各式各樣前進的方式：你可以手扶岸邊，如履薄冰地緩緩移動；也可以闔上雙目，放鬆四肢，任憑河水將你往前沖流；如果你有勇氣接受挑戰，也可以跳進漩渦中不停打轉，無論哪一種方式，只要遵循著堅持的原則，就有可能突破重重難關，直奔理想的彼岸。

　　我們的生命都富含無盡能量，它來自人體細微的億萬細胞，迸發出超乎想像的巨大可能。只要善於開發利用，這些能量都有可能助你邁向致富的夢想。有些病人在彌留之際，聽了醫師或至親好友充滿真情的激勵話語，竟然會起死回生，這在臨床案例中屢見不鮮，只有在病人喪失自信、萬念俱灰的時候，疾病才會真

正地讓人致命。

　　許多舉目所及的平庸大眾，會對富豪大戶欽羨不已，但是對於自己也可能致富的念頭，卻往往認為是癡人說夢。這種想法宛如致命的病毒，足以將致富的機會啃蝕得四分五裂。然而只要願意喚醒生命潛力，把對財富的零星期待，集結成人生理想中的一環，它就不再只是倏忽而過的妄想，而是確切實際的目標，讓未來大展鴻圖、成就非凡。

享受興趣，增加工作效率

　　請用嚴肅而誠實的態度自問：工作中有什麼成分是不可或缺的呢？

　　這些成分不是自己認為「應該」具備，或是「他人」認為工作應該具備的，而是經過一番審慎思量，發自內心深處，認為足以支撐工作熱忱、增加工作效率的條件。這些基本的條件可稱為「核心價值觀」，它不只侷限於特定事業，而且放諸各行皆準，是引導你選擇行業或企業時必須依循的基本原則。

　　找出核心價值觀的簡易方式，就是從過去的經驗中使用「刪去法」。

　　倘若你已有些微工作歷練，當中必定有許多不為人道的酸甜苦澀，從負面的經驗當中找出自己認為必須具備的工作要素；再拿這些要素與正面的經驗對照，是否良好的經驗都是因為這些要素的完備而圓滿？又或者其中幾項才是關鍵？藉由此種方法，將可萃取出讓自己獲得快樂的精華。

　　這些快樂的精華，就是工作的興趣所在，也是帶來享受的源頭。我們經常陷於一種二分的思維，認為工作與興趣應該截然二分，在考慮可能的出路時，我們常常會忽略樂趣、嗜好、消遣等範圍，僅將社會評價的高低納入考量。又或者，我們憂慮職業與業餘之間的鴻溝，擔心一旦興趣成為工作，諸多困境也將一一浮現，屆時喜好恐怕不再是喜好，甚至可能成為夢魘。

　　這種觀念需要被改變。工作理應蘊含樂趣，理應有發揮創造的空間，假使興趣所在能為我們提供創造的平臺，那何妨讓這種能力促進工作的靈感，讓工作能夠更有效率，甚至更能為自己帶來利潤呢？

　　溫內斯的父親是雕塑家，母親是室內設計家，讓他自小就在充滿藝術氛圍的環境中飽受薰陶。然而，溫內斯雖然有藝術家的稟賦，卻毫無克紹箕裘的打算，對學校課業也興趣缺缺，更不願意在公司裡當個朝九晚五的上班族，甚至在大二時毅然輟學。這時的溫內斯，認為自己一事無成，尤其在父母眩目的光環底下，更讓他感到人生無比挫敗。

　　某次，溫內斯的朋友舉辦生日宴會，平日廚藝過人的溫內斯，毛遂自薦為友人張羅晚餐，結果餐桌上的每道菜餚不僅看起來讓人食指大動，嚐起來更是齒頰生香。有個朋友看他正處於失學又失業的窘境，便建議他不妨考慮廚師一途。

　　然而溫內斯卻對這個想法嗤之以鼻——他自然而然就會做的事情，值得當作一生的志業嗎？更何況，一個出身藝文家庭的獨子卻選擇去當廚師，他幾乎可以想像那些附庸風雅的親友鄙夷的

神情。

　　拗不過朋友的慫恿，接連幾日，溫內斯都在一間知名餐廳裡兼差，雖然不是大廚，但偶爾也要負責擺盤、切肉、調味等餐前處理事宜。不出幾日，溫內斯果然發現自己相當享受製造美食的過程，尤其是欣賞顧客進食的滿足、聆聽來自饕客的讚譽，都讓他每天迫不及待等著上工。

　　因為興趣，讓溫內斯把這份工作極盡完美。也因為極盡完美，溫內斯後來在廚藝界大放異彩，成為城內業績名列前茅的飯店名廚。

正確界定自我

　　美國哲學家威廉・詹姆士（William James）曾說：「人生的意義在於發展自己的力量。而發展自己力量的前提是明確自己願意和能夠做些什麼。」

　　一位心理學家談到如何界定自己的話題時，曾說：「我曾要求一些人用『我是……』的句子描述他或她自己。絕大多數人透過他們的職業角色來界定自己。僅有極少部分的人用社會身分或公共角色來界定自己，例如『我是一個人』、『我是三個孩子的父親』、『我是具有投票權的美國公民』……。這種界定造成的個人侷限非常強烈，這種心態可以追溯至童年的薰陶。」

　　我們的文化鼓勵人們把個人身分與職業角色進行連結，當我們認識新朋友時，第一個問題往往就是釐清他的職業與職稱、在哪間企業高就，並且依據職業來稱呼對方，例如「某某老師」、

「某某醫生」，職業也無形之中成為衡量個人地位與價值的標準。

　　然而，要合理地界定一個人，不應該過度強調工作等級的重要性，而應該適度剖析個人的特殊性。每個人都有**硬身分**與**軟身分**兩種角色，也往往被教育成重視「硬身分」（職業、位階、薪水……）的價值觀，忽視「軟身分」（興趣、人格特質、專長……）對於成全人格完整性扮演的角色。因此當我們向他人自我介紹，往往也傾向於說「我是名業務經理」而非「我是名業餘棒球員」。

　　然而，這種界定方式並無助於認識自己。因為硬身分不具獨特性，我們可以找到成千上萬名律師，或是成千上萬名人力資源經理，但是你的人格特質卻是無可取代。即使有很多人具有幽默、善解人意、熱情、善於交際的特質，但是每個人使用的方式、實踐的藝術卻各有千秋，這和硬身分象徵的你截然不同，我們都是全然的獨一無二。

　　理解了這點之後，就應該明白不須以他人作為標準來衡量自己的成就，「男人三十歲時應該有多少積蓄」、「三十五歲還在當基層員工會不會太糟」等問題也該慢慢絕跡。許多億萬富翁對自己的抉擇都胸有成竹，亦步亦趨、人云亦云的人，往往與財富無緣。我們每個人的生活面貌都由自己塑造而成，如果我們學會接受自己，堅持自己的稟賦，自然就可以開拓天下無雙的致富蹊徑。

　　有「美國孔子」之稱的美國知名作家愛默生（Ralph Waldo Emerson），在其經典著作《自恃》（Self-Reliance）中寫道：「一

個人應該學會發現和觀察自己內心深處閃爍的微弱光亮，而不僅僅注意詩人和聖賢輝耀天空的光彩。他也不可忽視自己的思想，因為它屬於他自己。」

聖賢名家的思想深邃，固然為我們開啟了知識的曙光；然而那也並不代表沒有發表這些高見的你我便是庸碌大眾。專注傾聽內心偶然的聲響，審慎觀察內心少許的靈光，因為那就是你與眾不同的自我。

致富籌碼來自熱愛學習

認識學習的真諦

世界名著《浮士德》的作者，德國文豪歌德（Goethe）曾說：「人不光是靠他生來就擁有一切，而是靠他從學習中得到的一切來造就自己。」

真正的學習，是從心靈到行為的改變，是人類不斷認識客觀世界，不斷完善和發展自我的過程。藉由習得的知識涵養內在、拓寬思維，經過反覆咀嚼領會之後，進而將之運用在日常生活，成為滌除不當舊習、獲致個人提升的能量，跟上時代的步伐，這就是學習的真諦。

知識的重要人盡皆知，然而真正著手，長久而投入地學習的人卻不如預期；甚至有人雖然廣泛擴充各方新知，堪稱學養俱

豐，卻始終無法將所學化為所用。前者的困境在於缺乏持續的動力，或根本不知如何在無涯學海裡找到一席之地；後者的難題則在於無法融會貫通，以致無法把學習與應用結合，無法將學問化為自身的可用資本。

　　的確，我們學習的起始往往只能從基礎紮根，廣博地吸取來自四面八方的空氣與養分；然而隨著年齡增長，知識開始開枝散葉的時候，我們就必須選擇一條明確的枝椏，客觀地評估自身的興趣、專長和期望，才能訂定未來前進的目標，攀著它登向巔峰。明確的目標就是學習的主要動力，若能對目標懷抱豐沛熱忱與決心，就能為學習的進程打造一個美好的開場。

動態學習逐步提升

　　學歷、文憑代表個人靜態的能力，而經歷則是動態的、永恆的，它是人們屹立在時代潮流上的支撐力。學習能力強的人能對知識進行重組與創新，能夠使學習完全融入生活和工作之中，在不斷獲取新訊息、新機遇的過程中，逐步走向事業的成功。能力的提升並非絕對，而是相對的發展，因此它永無止盡，終其一生都必須自我修煉；它也並非直線運行，而是迂迴曲折，即使因為密集的培訓而大幅增長，也同樣會因為偶然的懈怠而回到原點。

　　那麼，我們應該如何透過學習，提高能力呢？

一、樹立一個能夠凝聚並實現理想的信念和目標。

　　信念與目標足以作為學習的驅動力，將「要我學」轉化為「我要學」。信念和目標往往蘊含著熱忱和堅持，因而必須發

自內心澎湃的理想，而非單純隨波逐流或回應社會的期待。這也是學習最重要的原動力，是決定學習是否能夠深入與持久的關鍵。它不但推動著學習，也同時推動著能力的啟發。

二、尋求最適合自己的學習方法。

我們知道學習的方法五花八門，因人而異，若想找到適合自己、切實可行並能夠產生持久效果的學習方法，則需要不斷探索和實踐。先依照「最好的葫蘆」來畫瓢，倒也不失為一種選擇，也就是先從成功典範的經歷作為榜樣，再依照自身需求進行調整。檢驗學習方法的好壞只有一個標準，也就是「學習效率」，而效率應該體現在自身素質的提高、對工作的促進和對社會的貢獻上。如果效率不彰，就要及時修正方法，以免虛耗光陰。

三、不只前瞻，還要隨時後顧。

以閱讀而言，如果我們將一本書拆成七天來讀，那麼到了第三天時，忘記第一天的內容是再正常不過。又如果我們讀了十本書，那麼忘記第一、第二本的內容更是無可厚非。然而這樣的學習過程，就像拿著無底的竹籃採水果，即使辛勤地踏過千山萬水，最後籃裡仍然什麼也沒留下。因此，隨時「後顧」，才能確保過去的學習已經得到吸收，化為自身的可用能力，即孔子所云：「溫故而知新，可以為師矣。」

四、記住目標不是學習的終點站。

雖然如第一點所述，目標是我們投入學習的原動力，倘若目標如願以償，學習作為一個達成的手段，自然也當功成身

退。然而人生迢迢，每個目標只是路程中的一個里程碑，完成之後仍然要繼續前進，否則只會讓停滯阻礙自我的成長。

英國文豪威廉・莎士比亞（William Shakespears）曾說：「知識是我們藉以飛上天堂的羽翼。」

在知識的匡助之下，就會在前往致富的途中如虎添翼，走得更為飛快與順遂。

知識就像一本翻閱不盡的字典，如果你不知道某個字，一頁一頁接著翻找，你將發現你認識了更多陌生的字。知識的浩瀚難以想像，而學習的範圍除了知識之外，還有來自生活與工作中的諸種歷練，這些都是培養能力的關鍵所在，唯有動態學習而非靜態接收，才是將知識轉變為財富的重要因素。

在時代的發展中屹立不搖

假使，透過知識在生活中的實踐，致富的理想已經成為現實，那麼我們還需要繼續學習嗎？答案當然是肯定的。綜上所述，我們學習的目的可能是了解自我、發展潛能、實現理想甚至累積財富，然而這些都還比不上最後一個目的來得重要，那就是——在時代的發展中屹立不搖。這裡的屹立不搖並不只是跟上時代的腳步，更積極的人還要讓自己走在時代的尖端，這才是讓財富源源不絕的要素。一旦取得成功就立刻結束學習，那麼財富將只會是曇花一現。

管理學大師彼得・杜拉克（Peter F. Drucker）曾說：「一個人每兩年要更新專業知識，每四年要重建基礎能力。」

　　善於學習的人總會在不自覺中獲取更多的金錢，或培養出未來致富的豐厚資本；而一心只想謀求財富的人，卻容易在關注金錢的過程中忽略了學習，甚至因而失去金錢。

　　為什麼會有這種結果呢？因為我們不能小覷時代脈動的威力，尤其是在瞬息萬變的商場之上，每一次的決斷都需要鑽研豐富的資訊後才能進行，而這些決斷更是根植於長久以來分析趨勢的眼光；倘若無法經常與新知接軌，判斷時稍有差池，可能會換來令人扼腕的虧損。往後將是知識爆炸，經驗快速貶值的時代，每個人都必須積極尋求自身的「不可取代性」，以謀求在自身領域占領一席之地。

　　因此，新知在學習當中的優先順序，理當置於首位，因為充分掌握社會現實的能力優劣，幾乎就等同於事業競逐當中的勝敗。其實理解社會脈動並非難事，更無須耗費「學習」以外的時間，而是應當將它納入學習的一環，成為每次學習時首要執行的動作，長久下來，「先知先覺」的眼光和胸襟將指日可待。

　　地球運轉一周，全球新聞又將突增數萬多則，我們應該如何迅速有效地掌握時代脈動呢？

一、固定收看全球幾家新聞媒體。

　　收看或收聽的新聞媒體，必須盡可能涵蓋多國，尤其具有全球影響力的大型媒體更是不可忽略（例如美國 CNN、英國 BBC 與日本朝日），其中瀏覽網站又比收看節目更節省時間，掃視版面即可大致了解當日大事。

　　國內新聞容易出現過濾性報導，大多只報國外的頭條新聞，

尤其以已開發國家為主；若能掌握次要甚至較為冷門的資訊，就能比不收看外國媒體的對手多一個籌碼，在意想不到的時刻發揮作用。

二、經常閱讀產業相關雜誌或網站。

專業性雜誌的主要讀者，基本上多為同行業者，要想在自身產業中立足，這個基本步驟絕對不能忽略。此外，這類雜誌或網站也會提供諸多講座、產業脈動、政府補助案的活動公告、名人經驗分享、成功案例採訪等等，若能加以消化，也能摩擦出下次創意的火花。

三、培養人脈網絡。

前述的兩項屬於正式資訊來源，然而非正式資訊來源的重要性更加不容忽視。新聞往往只能報導既有的事實，但是「前兆」經常只出現在非正式的人際交流之中，口耳相傳。我們不能如同記者，等到事件發生才蜂擁而上；我們應當如同天氣預報專家，懂得如何從氣流變化理出規律，做出準確的預先判斷。因此，積極經營人脈，避免落於「資訊邊陲」，也將成為「學習」過程中的必備功課。

持續學習，更要善於學習

亞洲首富李嘉誠曾經如此回應記者的採訪：「我的成功奧祕來自學習，來自不斷地學習。」

李嘉誠始自年輕時的打工期間，就非常注重利用零碎的時間學習；直到創業階段，仍然勤學不懈，甚至到了長江企業集團急

速崛起，身價不可同日而語的時刻，他也絲毫不改孜孜不倦的堅持，數十年如一日。

從經營長江塑料廠期間，李嘉誠就聘請了一位私人教師，每天早晨七點三十分上課，上完課再去上班，維持了一段很長的時間。在那個年代，懂英文的華人在香港甚為稀少，也因此英文成為李嘉誠的傑出優勢，讓他得以直接飛往英美等國、參加各種展銷會、與外籍投資顧問和銀行高層打交道，創造他個人，同時也是香港的經濟奇蹟。

李嘉誠說：「在知識經濟的時代裡，如果你有資金，但缺乏知識，無論何種行業，失敗的可能都相當大；但是若有知識，缺乏資金的話，微薄的付出就可能得到非凡的回報，並且極有可能臻至成功。跟數十年前相比，知識和資金對成功的價值已經反轉。」

對於個人而言，若希望學習成為人生中持續性的習慣，就必須及早端正學習態度，培養刻苦鑽研、追根究柢的精神；同時注意隨時變通學習方法，不斷汲取新知，帶著問題「有的放矢」地質疑與思考，不斷記憶和鞏固知識；並且按部就班地依照學習計畫，合理分配與調控時間，這樣不僅能夠鍛鍊意志力和自制力，提高學習效率，更能讓自己從持續學習，邁向善於學習的階段。

善於學習的人最為人稱道之處，就是積極、高效、堅毅、果決且專注。當我們尚在求學階段，每一次的聽講與背誦，都有一個明確的目標──準備考試，然而當我們的目標成為難以掌握的「自我充實」、「追趕時代」甚至「求取財富」等抽象概念時，鞭

策的力道就會漸趨減弱，甚至容易失去方向。

　　國內外成功人士的學習實踐表明，具體的學習目標具有導向、啟動、激發、凝聚、調控、制約等心理作用。有人曾說過這麼一個比喻：沒有目標的學習像是公園裡的散步，而有明確目標的學習則如同運動場上的衝刺。所以，明確的學習目標對人們的成功能產生更強大的影響。

　　當你藉由學習成為時代的領航，甚至圓滿自身的夢想時，才會發現原來學習的能量如此驚人，值得我們終生追求；即便我們已經抵達巔峰，隨著知識的累積成全了豐富的物質條件，學習的價值也不會有絲毫貶值，因為我們此刻的任務，除了自己學習之外，更要以一個領導者的典範形象，將學習的精神加以發揚，帶領後生晚輩一起學習！這種組織性的學習精神，比起個人性的學習精神，更能創造時代的奇蹟和巨大的財富。

　　即使你仍在學習之路上揮汗如雨，若你的自我評估越準確，你的致富選擇成功的可能性就越大，在學習上下的苦功，就更有可能轉化成財富的催化劑，讓自己確實在致富道路上揚長避短，充分發揮自己的優勢，儘速走向財富之門。一個創業者更應當勇於挑戰自我，相信自己身上的潛力巨大無窮，如果你高估了自己，那麼經過努力，你仍然可以達到高估的標準；但如果你低估了自己，那麼你就永遠只能在低處徘徊。

隨時保持「淨空」

　　我們都知道這樣一個現象：如果一個杯子裝著髒水，不管加

入多少純淨的水，仍然會呈現混濁；但若是一個空杯子，則不管倒入多少清水，始終清澈如一。

在工作場合中，很多人一旦在一個崗位上工作了一段時間，就會覺得工作起來得心應手、易如反掌，越來越缺乏挑戰性。雖然有時也想給自己充充電，但是因為有了舊知識的墊底，對於學習欠缺動力，即使勉強為之，也因為已經過分熟稔既有的作業方式，在實際工作中也難以好好運用，因而慢慢地變成了「吃老本」。殊不知，社會每時每刻都在前進，周圍的環境也在不斷變化，我們只有走出經驗的保護區，打破自己的思維慣性和惰性，克服自以為是的驕傲，全面接受新的知識和技能，才能與時代並肩同行。

人要有空杯心態和海綿心態，讓自己以學徒的心態開始前行。如果總是守著自己的「半桶水」，就會陷入孤芳自賞的封閉困境，成為孤陋寡聞、不思進取的井底之蛙。抱持空杯心態的唯一方法就是把杯子裡原來的水倒掉，人的大腦就如同電腦一樣，只有不斷刪除過時、無用的知識和經驗，才能不斷接收新事物，否則，你容量有限的大腦就會因為讓無用的物質占滿，再也無法容納新知。

空杯心態是一種挑戰自我、永不滿足的態度，它就是隨時對自己擁有的知識和能力進行重整，清空過時的資訊，為新知識、新能力的進入騰出空間，保證自己的才學總是維持新鮮狀態，永遠保持進步和活力。

空杯心態是對自我的「不斷否定」，事物的變化和發展經常

是「外在否定」和「內在否定」協同促成的結果，是事物自我完善、自我發展的運動過程。客觀事物的複雜性和人們認識能力的有限性，決定了人類接近真理過程的顛簸，昨天正確的東西，今天不見得正確；上一次成功的路徑和方法，可能會成為這一次失敗的原因。認識自己就已經很困難了，不斷否定自己更是難上加難，否定自我需要胸襟、需要坦誠、需要膽魄，需要真正的空杯心態。

撿拾人生的鵝卵石

有一則這樣的故事：

某天晚上，一群牧民正想紮營休息，忽然被一束強光籠罩，他們知道這是神明現蹟的前兆，於是帶著熱切的期盼，等待來自上天的指示。

神現身之後，開口對他們說：「盡力收集鵝卵石，把它們放在你們的鞍袋裡，再旅行一天，明晚你們會感到快樂，同時也會感到懊悔。」待神離開後，這些牧民都感到失望與不解，他們期待的是玄理天機的揭秘，沒想到卻被吩咐去做這件卑微而無意義的事。但無論如何，他們仍然各自撿拾了一些鵝卵石，放在他們的鞍袋裡。

牧民們又走了一天路，當夜晚來臨開始紮營時，他們驚訝地發現鞍袋裡的每一顆鵝卵石都變成了鑽石，他們因為得到鑽石而感到欣喜若狂，卻也因沒有收集更多的鵝卵石而懊悔。

所以，在職業生涯的途中，我們雖然必須不斷勤奮苦讀，而

且這些努力往往難以在短期內看出成效，就像沉重又不起眼的鵝卵石；然而歷經一段時間的淬鍊，這些鵝卵石卻為我們妝點出充滿鑽石的未來，而且我們還會因「書到用時方恨少」，時時懊惱自己當初收集得不夠多。

日常生活中，我們該如何為自己準備這些「鵝卵石」呢？

一、多從別人的成功與失敗經驗中學習。

二、每天至少留兩個小時給自己進行學習運用，當中必須有半小時是思考。

三、在一定時間內訂定固定最低閱讀量，素材可以是網站、雜誌、報紙、書籍等，並設定懲罰機制，督促自己務必達到目標。

四、尋得有相同興趣與層次的朋友，一同分享體驗和交換思考。

五、注重「借腦學習」，網羅學有專攻的人脈，如高階經理人或學者等。

六、盡可能每年出國一次，參與國際會議、論壇活動或文化交流。

七、經常撰寫論述，在不斷吸收的同時也嘗試表達與發想。

致富關鍵來自珍惜時間

時間觀念的貧富差距

中國有句古話：「一寸光陰一寸金，寸金難買寸光陰」，用

來勉勵人們充分利用時間來學習；我們將它運用於致富之道，就可以理解為：懂得利用時間來賺錢，就有更大的勝算成為富人；而只知燃燒時間來換取金錢，則往往跳脫不了貧窮。現實生活中無處不在印證這個道理——我們隨處可以看到，窮人用時間換取金錢，長時的消耗卻很難得到對等的報償；富人用金錢換取時間，卻得到了更大的效益和獲利。

這個現象或許讓人頗難理解，為什麼花錢的反而富有，節約的卻更加窮困呢？其中的關鍵就在於：用金錢換取時間，是在創造和開發；用時間換取金錢，則是在消費和打發。時間只有對本人才能產生最大的價值，因而前者正是用「金錢」創造更多的「價值」；後者則是用對個人最具「價值」的物品去換取「金錢」，形成不對等的兌換，成果往往不如預期。前者是以錢生錢，後者是以人生錢、以勞動生錢，效果自然有限。因此，要改變我們金錢的命運，就要學會像富翁那樣，充分利用時間，抓住每分每秒，開創億萬人生。

不受時間支配，完美支配時間

管理學大師彼得‧杜拉克曾舉實例說明完美支配時間的必要性：

某家醫藥大廠的經理，上任之初公司規模尚小，業務範圍也只侷限於國內。然而十一年後他退休時，這間公司卻已成為全球性的大型跨國醫藥企業。

說長不長、說短不短的十一年內，這名經理讓公司脫胎換

骨，制定出全球經營戰略、培訓專業醫藥團隊、合併小型潛力藥廠，讓它原先在國內都乏人問津的名號，一躍成為國際舞臺響亮的招牌，重點就在於「做最重要的事」。

評估過國內市場的利潤與拓展難易度之後，他認為要讓公司走出瓶頸的首要任務，就是進軍國際。自此，他心無旁鶩，全力集中於研發工作，考量發展方向、制定研究計畫、搜羅研究人才。同時，他也分析各國藥品消費的趨勢與政府政策、文化民情的關聯性，發現醫療保險和政府推行的醫療保健制度，將大大促進藥品的需求量。配合這個發現，不斷開發與推廣新藥進入新市場，不僅讓公司在國際藥品市場上獨占鰲頭，並且也不必冒著排擠其它醫藥企業的風險。

正因認定了「最重要的事」為何，所以能讓有限的時間全力為「最重要的事」打造價值，進而打造財富。

時間可以做無數種運用，假使你總是感到時間不夠用，永遠被工作的時限追著跑，那你就形同被時間支配；如果想要支配時間，就必須掌握管理時間的能力，而想要成功掌控時間的前提，就是明確你內在的核心價值。由於每天的時間有限，我們應該適度衡量輕重，排定優先次序，讓每段時間都能發揮最大的價值，而不是成為瑣碎小事的雜物櫃，這樣一來，就是你在利用時間，而不是時間在支配你了。

有效支配時間的要點可大致羅列如下：

一、明確設定目標。

在時間開始之前，先明確設定該段時間應該如何運用，並且

達成怎樣的效果等，排定任務的優先次序，先在腦中繪製明確的藍圖之後，開始工作時就會更有目標與方向，也因此展現更高的效率。設立優先次序，就能夠合理掌握贏得財富的「季節」，不會把春耕延成冬耕、夏耘延成秋耘，錯失了合宜的「節氣」，將會讓時間的利用無法發揮最大價值。

二、進行任務排序。

除卻我們人生主要的幾項任務（例如工作、上學、睡眠），其它可資利用的時間或長或短，可能是從晚餐到睡眠的數個小時，也可能是從公司到家裡的短程通勤。在決定將某段時間進行某種利用時，必須先自問：這個決定是主要還是次要的？這樣利用的抉擇是否能讓時間發揮最大效能？例如，父母用少數時間看電視，而要用多數時間親近子女；主管用少數時間鋪張廣告，卻要用多數時間鼓舞員工。把零碎時間花在主要事情上，就等同於財務管理中的「錢要花在刀口上」，這才符合最大投資報酬原則。

三、強行瓜分時間，不如集中精力。

有些人在擬定時間計畫時，往往會充滿豪情壯志地誇下海口，希望自己在某段時間之內能夠取得幾張證照、精通幾種語言、完成幾項任務……。然而，當時間被強行瓜分予多項任務時，完成每樣任務時付出的精力就會相對地遭到壓縮，品質自然也有低落之虞。「欲速則不達」，與其「事前」過分要求自己，不如「當時」審慎督促自己，即使一個時段內只安排一樣工作，也要由始至終專心致志，集中精力使之臻

至完美。

節約時間讓你更富有

網路上曾經流傳著有關全球首富比爾‧蓋茲（Bill Gates）一則關於時間管理的笑話。有人幫比爾‧蓋茲算了一筆帳，得出這樣一個結論：就算有一張一萬美元的支票掉在地上，比爾‧蓋茲也不應該去撿，因為他可以利用彎腰的五秒鐘賺更多的錢。

提出這個論點的是紐約大學經濟學教授伍夫的統計報告，他的報告指出：比爾‧蓋茲的個人淨資產已經超過美國百分之四十最貧窮人口的所有房產、退休金及投資的財富總值。舉例來說，他的資產在短短六個月之間，增加了將近四十億美元，相當於每秒有兩百五十美元進帳，也就是說，即使彎腰五秒鐘去撿一張面額一千美元的支票，對比爾‧蓋茲而言也是一種經濟上的損失。

對一般人而言，「時間就是金錢」，然而對善於利用時間的人而言，時間更是「能夠創造金錢的金錢（Time is money which creates money）」。

成功的人通常都精於安排時間，使時間的浪費減少到最低限度。認識並善用你的時間，是每個人只要肯做就能做到的基本功夫，也是一個人走向成功的必經之途。掌控時間就是取得先機，一項新技術或新知識，先得手的一方即使只提早須臾，仍是站穩了迅速致富的先鋒地位。從搶獨家報導到搶新貨上架，時間的爭奪隨時都在我們的生活中上演。

歷數成功者的人格特質，鮮有不懂善用時間的存在。有些人雖然坐上管理階層的寶座，然而離「成功」卻仍有一段距離，有時原因就在於不夠明白支配時間的藝術，以致讓自己忙得焦頭爛額。「事必躬親」，有時是褒揚上級體恤下屬的佳話，然而，呂氏春秋·孟春紀有言：「大匠不斲，大庖不豆，大勇不鬥，大兵不寇」，挑戰各司其職的分工型態，只是讓才能無法獲得最適宜的發展空間，讓時間無法獲得最適宜的分配利用，讓生產效率因而低落不前。

錯失時間，也將錯失機遇

機遇棲身於時間當中稍縱即逝，因而當我們錯失時間，也將同時錯失機遇。

抓住機會的關鍵來自於個人的思路，不難察覺的是，機遇好的人大多比較樂觀，而消極的人則經常與好運錯身而過，這並非命運刻意的安排，而是這兩種人的視角不同，當機會降臨時，可能會先被躊躇不前的人擋在門外，卻被勇於冒險的人躬揖迎入。

因此，**想要抓住機會，首先應該摒棄潛藏在腦海中的消極因素**。

人生的十字路口與街道的十字路口不同，在街頭上看到「紅燈」止步是出於安全考量，但人生的十字路口卻沒有交通號誌的限制，所有的行走與停止的抉擇，都出於你的自由意志。如果你不得不緩下腳步，你就該問自己為什麼要停？是因為膽量不足，擔心會陷入危險，還是因為對自己沒有信心，不相信自己能獲得

成功？……與其浪費燃料徒然擔心，不妨像檢修汽車一般，加點油多作嘗試，讓自己充滿活力，衝勁十足地奔向目標。

除此之外，有的人抓不住機遇則是因為看不到現在，有的沉浸在過去的美好回憶中難以自拔，有的則對未來充滿空泛的嚮往，卻忽略了過去的已然消逝，未來的仍是未知，只有現在才是真實。無論是過去或現在的機遇都無法掌握，能掌握的機遇只存在真實當中。如果無法埋葬昨日的失敗，那就感受不到機遇的存在；如果無法戒除幻想的蜜糖，那就體會不到現實的殘酷。

所以，**抓住機會的第二條守則就是超越過去**，透過奮鬥掙脫過去的枷鎖，在現實中切實地努力。

更有些人抓不住機會是因為過分貶低自己，認為自己的職業乏善可陳，只能居於業務員、家庭主婦、洗車工、洗碗工、清潔工、收銀員等收入不豐、職階不高的地位，然而「一個人的偉大之處正是在於認識自己的渺小」，任何領域都會有發光發熱的箇中翹楚，而這樣的地位也絕對值得努力求獲。轉換敷衍例行公事的負面心態，正是**抓住機會的第三條守則——絕不妄自菲薄，用自信迎接機遇。**

一百萬的累積，開始於一百塊

有個落魄的中年人來到教堂祈禱，虔誠地跪在上帝面前道：「上帝啊，請念在我多年來敬畏您的份上，讓我中一次彩券吧！阿門。」

幾天後，他又垂頭喪氣地回到教堂，跪著祈禱道：「上帝

啊，為何不讓我中一次大獎呢？我願意更謙卑地來服侍您，求求您讓我中一次彩券吧！阿門。」

　　又過了幾天，他再次出現在教堂，同樣重複著類似的禱詞，如此日復一日，周而復始。終於有一天，他再也按捺不住情緒，跪在壇前痛哭失聲地叫著：「我的上帝啊！為何您總不願聆聽我的渺小祈求？讓我中彩券吧！只要一次，我就可以解決所有困難，我將會奉獻終身來服侍您……」

　　此時，聖壇上空傳來一道宏偉莊嚴的聲音：「我一直聆聽著你的禱告，可是，最起碼你也該去買一張彩券吧！」

　　行動就是力量，一萬次空洞的說教還不如一個實際的行動，所以當培養出迎接機會的良好心態之後，就不該再守株待兔，而應身體力行，不斷灌輸自身「現在就去做」的強烈信念。假設理想是人生中的第一個一百萬，那麼行動後賺取的第一張一百元，就達成了萬分之一的進度。相反的，假若因為嫌棄進度過慢而停滯不前，那麼一百萬就始終只是虛幻的夢象。

　　致富的成功與否雖然同受環境條件與主觀取決影響，但是個人能否充分利用一切機會擇善而從，卻扮演著極為重要的先決角色。同樣的環境、同樣的條件，不同行為方式的人就會產生不同的行動。致富之途就如同騎著一輛腳踏車，不是維持前進，就是翻覆在地，所以行動絕對不容拖延，踩車的雙腳恆然不得鬆懈。知識的力量固然可觀，但是不經實際應用的挑戰，仍然難以發現它們的能耐。

　　香港被譽為「鐘錶大王」的超級富豪楊受成，就是一個以行

動為準則的成功典範。二十世紀五○年代初，楊受成的父親在香港從事鐘錶批發，把鐘錶兜售給水客帶到日本銷售，誰知事業才剛有起色，卻被客戶以偷龍轉鳳的手法騙走錢財，幾乎因此傾家蕩產。

當時十四歲的楊受成見到父親遭逢困境，決定助父親一臂之力，利用下午半天時間去店舖當父親的助手，但也因此學業成績急遽下滑，甚至連畢業證書也拿不到。

當時楊受成的父親在彌敦道交界處開了個天文臺錶行，楊受成發現遊客的消費力最強，想必與遊客做買賣的利潤也會最大。他大膽假設，與其在店裡守株待兔等客人上門，不如主動出外「獵取」顧客。於是，他開始前往碼頭尋找遊客，帶領他們走進天文臺錶行參觀。

接著，楊受成又商請酒店司機、裁縫師傅等，以回扣的方法介紹客人，結果一舉奏效，上門的客人絡繹不絕，營業額也直線飆升。後來，他甚至與日本旅行社聯繫，安排觀光團直接前往店裡購物，結果再度掀起風潮，小小的鐘錶店終於賺進了第一個一百萬。

由此可見，只要「敢做」就會有轉機，由貧窮走向富裕需要的不僅是「把握機會」，更重要的是主動「創造機會」。曾有一個譬喻說得非常貼切：「昨天晚上，機會來敲我的門，當我趕忙關上警報器、打開保險鎖、拉開防盜門，它已經走了。」過於謹慎，將遠遠地把大好機會拒於門外。

許多為人稱羨的成功人士，並不一定比我們「會」做，更重

要的是比我們「敢」做。行動本身會增強實踐的信心，不行動只會帶來多慮的恐懼，所以克服恐懼最好的辦法就是行動，它把花在盤算焦慮的時間，更有效率地運用來接近成功。

著名的石油大王洛克斐勒（Rockefeller）曾說：「猶豫不決是魔鬼最喜愛的工作。」

一九四二年，當哥倫布（Colombo）展開他著名的航程之初，他不僅作出了人類歷史上影響最深遠的決定，更跨出了人類歷史上影響最深遠的一步；如果沒有他的關鍵行動力，就沒有我們今天所知道的美洲大陸。

時間既可用於思考，也可用於行動，但是兩者之間的比例必須合理適宜。「三思而後行」是行動前的黃金準則，但若三思而再思，再思而不行就成了「無謂的多慮」，只是蹉跎光陰、錯失良機、徒增煩擾之舉罷了。富翁最鮮見的缺點就是「優柔寡斷」，因為致富之道就像與時間對弈，舉棋不定的結果，就是慢一步而輸全局。

致富祕訣來自善用錢財

你懂得如何花錢嗎？

一般人的花錢模式都是「隨心所欲」，自己想吃什麼、想穿什麼、想用什麼都恣意而為，反正對於自己胼手胝足獲得的報

酬，作為犒賞本就無可厚非。

　　然而，致富的前提並不只是會「賺錢」，「花錢」更是一門重要卻經常為人輕忽的學問。我們經常看到有錢人外表光鮮，出手闊綽，認為他們之所以能如此豪邁地揮金如土，就是因為他們背後有金山銀礦；也認為自己雖然收入不豐，但是只要不恣意揮霍，應當能因此積沙成塔。

　　其實，我們應該跳脫這種侷限的思維，因為錢象徵的價值，並不空是額度上的多寡而已。比方說，添購便宜的鞋子雖然開銷不大，但是卻往往不夠耐穿；而有些鞋子雖然價高卻也質美，足以撐過長程數載。懂得善辨兩者的差異，就是懂得花錢的藝術，反而能藉由「花錢」來為自己「省錢」甚至「賺錢」。

　　其次應該認清的觀念是，「存錢」致富往往比「花錢」致富來得困難。我們時常留意手邊的積蓄，唯恐稍一閃神它就會從指縫間溜走；因而希望錢財能始終保持在可見範圍內，讓自己時時呵護。然而，存款畢竟不會「自我膨脹」，不如撥挪一部分的款項來進行合理運用，反而可能因此讓財產遽增。損失與營收的眼光要放遠，倘若不捨一時的失去，也不會有後來的獲得。

　　卡內基（Carnegie）曾經有一位鄰居，是一名年近六十的婦女，有一天，這位老婦人把卡內基請到他的家裡，關上門窗，神祕兮兮地說：「卡內基先生，請你幫我一個忙吧！」

　　卡內基說：「老太太，您有什麼需要我幫忙的，直說無妨。」

　　老婦人感激地朝卡內基鞠了個躬，領著卡內基進入一間關卡

重重的臥室，接著彎腰從床底下拖出一個皮箱，開了皮箱的鎖，掀開蓋子，裡面竟然裝滿了全新的美鈔！

老婦人說：「這是我先生留給我的遺產，一共是十萬美元，全是五十元的鈔票，一共應該是兩千張，可是我昨天數來數去，數了一整天，卻只有一千九百九十九張，不知道是我人老了，沒數對呢？還是真的少了一張呢？如果是真的少了一張，那就太奇怪了，我從來沒有拿出過一張鈔票。我請卡內基先生來，就是想請你幫我數一數，我知道你是個值得信賴的人。」

卡內基在訝異之餘，仍然替老婦人數鈔，數完正好是兩千張。他問雀躍的老婦人說：「這麼一大筆錢，為什麼不存到銀行呢？存起來的話，每年利息還不只一萬美元呢！像這樣放在家裡，反而讓您提心吊膽，如果存到銀行裡，不必擔心會少了幾張，既安全又有利息。」

老婦人聽完不禁心動地說：「那就請你幫我拿去存吧！」

等到卡內基把存摺交給老婦人時，老婦人把存摺湊到眼前仔細翻看，只看到上面印著一行小字，不禁疑惑地咕噥起來：「這一行小字就是十萬美元嗎？一整箱全新的鈔票，存進銀行就變成這麼一行小字嗎？」

過沒兩天，老婦人又把卡內基請了過去，她拿著那本存摺說：「卡內基先生，這本薄薄的冊子，讓我覺得很不踏實，這該不會是騙局吧？」老婦人緊接著說：「唉！卡內基先生，我真的放不下這顆心，我看不到、數不著我的錢，就覺得渾身不對勁，卡內基先生，可以再勞駕你去銀行幫我領出現款嗎？」

卡內基無可奈何，心裡暗暗地想：「要是一個商家也有這樣的想法，就永遠別想成就大業，因為沒有任何一個商業鉅子是離得開銀行的。」

人們在心理上常有一種錯覺：錢一旦離開了自己的手，就有種失落感油然而生，即使存在銀行裡也不例外，總覺得錢財似乎跟自己永遠脫離了關係。許多人之所以封閉自己的財商潛質而不能致富的原因，就是不懂得如何靈活運用金錢。靈活運用的錢，就是在市場運動中不斷增值的貨幣，而非閒置貶值的資本。俗話說：「有錢不置半年閒」，就是要讓金錢運動為你的致富理想服務。

富翁的錢這樣花

比爾・蓋茲曾因花錢保守發生過這樣的趣事：

某日，他和埃弟・羅仁同車前往希爾頓飯店開會，飯店地處西雅圖下區，由於他們晚到，找不到車位，埃弟・羅仁便建議把車停在飯店的貴賓車位。

「喔，不，這要花十二美元，這不是一個好價錢。」比爾・蓋茲強調。

「我可以付。」羅仁堅持說著。

「這可不是個好主意，」比爾・蓋茲搖手拒絕：「他們收費太貴了！」

這就是比爾・蓋茲花錢的與眾不同之處，也是他的過人之處。埃弟・羅仁對別人說起這件事時總強調，這並不是吝嗇，比

爾・蓋茲在請客戶吃飯之類的場合出手相當大方，他只是對物值不符感到莫名厭惡。

即使比爾・蓋茲的能力，絕對能付出超過十二美元上百倍的價格，但「**不為不值得的商品付出過高的價格**」，**就是富翁聰明消費的第一金律。**

儲蓄的藝術，其實就是明智消費的藝術。有所選擇地在最有價值的事情上進行投資，將是一種有益且積極的生活方式，能為生活添加財富也帶來滿足。

當老闆與做員工很大的不同之處在於，老闆的最大智慧在於「如何花錢」，錢花對了，就肯定能賺錢；而員工的最大考量則在於「如何賺錢」。因此，成功的老闆最大的長處就是知道如何花最小的錢辦最多的事，比如請客吃飯，同樣是一千五百元一桌，一般人錢花就花了，未必能有增值的意義；而老闆宴請客戶吃飯，卻可能意味著三萬或三十萬的生意。

假如你首次著手投資置產，但至少需要三萬美金的現款，而你從來沒有存過那麼多錢，所以若想成功，必須訂出一個時間表，如在六個月以內達成目標，那麼一個月就要存五千美元才行。這個數目看似很難實現，但是對富翁而言卻毫無所懼，他們會騰出一個專門置放帳單的空間，把每個月五千美元的「新帳單」丟進去，並且積極評估有什麼方式，可以確保這筆額外的帳款得以「付清」。

當欲儲蓄的款項被想像成將支出的款項時，這種危機意識讓人越發警覺，避免無意間的錢財流失，這就是富翁聰明消費的第

二金律，只是消費的對象是「自己的帳戶」。

採取這種方式之後，以前在工作上只會投入精力到某個程度的人，現在由於帳單的加倍壓力，必須在事務上投入更多的能力，創造更多的價值；其次也開始勇於冒更多的風險，嘗試新企劃的實踐、開發新市場的通路等等，在有限的時間、金錢和人力的前提下，以最低的投入創造最多的產出。藉著這種自我賒欠的「帳單」，既有的能力因而得到加強與放大。

如果你曾鍛鍊過身體，就知道肌肉是有記憶的，一旦你鍛鍊出一塊肌肉，要再練出來就比較容易；賺錢也是一樣，當你開始伸展你的財富肌肉時，你就開始在不同層次上有了嶄新的體驗，你的思維、眼光和方法都有了全新的躍進，也會在日後創造出可觀的能量，讓金錢隨之滾滾而來。

此外，**富翁聰明消費的第三金律，就是必須分清節約與吝嗇的區別。**

日本松下電器的創始人松下幸之助的個人午餐是普通飯盒，但他一定不會同意他的經理們在便宜的小飯館裡與客人洽談生意。由此可見，該省的和不值得花的，省一分是一分；而不該省的和值得花的，一定要大方出手，這將為你贏回更多錢，甚至贏回超越金錢的價值。

有一天，湯姆發現了一座金礦，興高采烈地和他的好友約翰分享這個消息。湯姆對約翰說：「約翰，我找到了一座金礦，裡面的礦藏多得三天三夜也挖不完哪！不如你和我一起去挖吧！」

約翰眼裡閃著光芒，卻又有些退卻地說：「可是我沒有鐵

鍬。」

湯姆急切地說：「快點去買一把不就成了？」

約翰仍然面有難色地說：「可是，買一把鐵鍬要花好多錢啊！」

捨不得播種的人只能收穫微薄的果實，所以只能死守著既有的少數成就，而與豐碩的成果絕緣。捨不得社交花費和投資學習的人、捨不得重金聘用人才的公司、捨不得鋪張宣傳的店面，往往都為了蠅頭小利盡其所能地節省，卻反而因此將滾滾財源擋在門外。

請看以下這則故事：

卡恩站在百貨公司的櫃檯前面，眼前形形色色的商品讓他目不暇給，他身旁有位穿著很體面的紳士，站在那裡抽著雪茄，卡恩便恭敬地對紳士說：

「您的雪茄很香，應該不便宜吧？」

「兩美元一支。」

「真的？您一天抽多少呀？」

「十支。」

「天哪！您抽多久了？」

「四十年前就開始抽了。」

「什麼？您仔細算算，要是不抽菸的話，那些錢就足以買下這間百貨公司了。」

「這麼說，您也抽菸囉？」

「不，我不抽。」

「那麼，您買下這間百貨公司了嗎？」

「當然沒有。」

「不瞞你說，這一間百貨公司就是我的！」

誰也不能說卡恩沒有智慧，第一，他的反應機敏，能很快算出每支二美元、每天十支、累積四十年的雪茄菸錢可以買一間百貨公司；第二，他由小到大謹守勤儉持家的道理，並且身體力行，從來沒有抽過一支二美元的雪茄，不將金錢耗費在不必要的開銷上。

然而，卡恩的智慧是死智慧，紳士的智慧才是活智慧。大富豪有白手起家的傳統，但高財商的人沒有靠賺小錢累積資本的傳統，從胼手胝足賺小錢的人身上，很難看到具備高財商潛質的人身上的那種冒險氣質。

然而，金錢只是讓人生更精彩的工具，但絕對不是人生的終極目的，因此絕對不要做金錢的奴隸。

被譽為日本經營之神的松下幸之助，由他創立與領導的松下電器，總資產逾千兆日圓，總銷售額近五兆日圓，員工總數超過二十五萬人，企業成就舉世矚目，經營哲學更被人們奉為圭臬。

對於金錢，松下幸之助有一個生動的譬喻：金錢好比潤滑油。正如機器要運轉、汽車要跑路，沒有潤滑油的輔助將會左支右絀；但潤滑油並非人們追求的目的，機器運轉、生產產品，汽車到達終點才是目的。為了使到達目的的工作更有效率，就必須借助潤滑油。潤滑油的作用在於：機器旋轉產生的熱量損害機器時，上潤滑油可以減少磨損；機器旋轉過快會對機器造成損害，

但只要多上一些潤滑油就可以減輕損害。金錢也是這樣，它可以使勞動者獲得物質上的彌補和精神上的安慰。若非如此，長期運轉而得不到補充，這種無報酬或少報酬的勞動將難以持久。

所以說，金錢是一種工具，最主要的目的還是在於提升人們的生活。由此可見，松下對金錢的態度是斂財（此處的斂財為積聚錢財，而非騙取錢財）而不守財，他曾說：「財富這種東西是不可靠的！但是，辦任何事都需要錢，從這層意義上說，又必須珍視錢財。但『珍視』與『被奴役』是兩回事，否則，財產就會成為包袱，看起來你好像是有了錢，實際上它卻使你受到牽累，這將是人類的一種悲劇。」松下的思想正是**富翁聰明消費的第四金律——不要做金錢的奴隸**。

一旦成為金錢的奴隸，就會被貪慾左右行動，即使映入眼簾的是金礦，若因過分貪婪，挖過了頭，礦井也會變成陷阱。

作金錢的主人

除了消極地避免成為金錢的奴隸之外，何不換個角度想想，如果能讓錢做自己的奴隸，為自己與親友家人營造幸福舒適的生活，那麼生活不就有意思多了嗎？

卡內基就是讓錢做自己奴隸的典型。

邁克是卡內基的學生，他很苦惱自己總是賺多少花多少，難以養成儲蓄的習慣，於是向他的老師卡內基求助。

卡內基在水塘邊和邁克談起了他自己的經歷：

「早年，我在密蘇里州的玉米田和牧草地裡幹活，那地方的

環境，在浪漫主義的詩人們看來，肯定洋溢著詩情畫意，但是，對於當年的我來說，那兒簡直像是魔窟，我必須從事高密度的體力勞動，每天都要工作超過十個小時，但是每天的所得卻很有限。法國作家雨果說：『貧窮使男人潦倒，使女人墮落，使兒童羸弱。』但怎樣才能擺脫貧窮呢？我當時想：如果有一筆存款就好了。

於是，我用步行了二十天省下來的一美元車資，在銀行裡開了一個戶頭，我的心境頓時為之豁然：我有存款啦！這時我產生一種踏實感，覺得有存款就有了希望，有了著落。就這樣，我毫不間斷地每隔二十天存一次我省下來的交通費，一年下來，我的存摺裡便有十八美元了。

當時，我正需要五十美元的數目，這對於每天收入只有五毛錢的我而言，實在是一筆驚人的鉅款，於是我先把目光設定在三十美元上。過了一段不算短的時間後，我的戶頭裡出現了三十美元的數字，最後終於存到了五十美元。」

卡內基頓了頓後繼續說：「不要死盯著一個天文數字般的金額不放，只要堅持不懈地實現一個又一個的小目標，日積月累，想要存下一大筆錢鐵定不成問題。再驚人的財富，也是在數十年的歲月中，以涓涓細流匯聚成大海！」

倘若過分拘泥於財富數字的多寡，甚至讓它成為汲汲營營的最終目標，這樣的人生將會毫無品質可言。金錢不會是人生方向的先導，它應該是我們尋得方向之後，幫助我們在行走途中減緩負擔、激發能量的助手，主從順序一旦顛倒，不是導致未來缺乏

目標，就是目標紊亂零散，莫衷一是，而且這些目標只是冀求自己變得更「有錢」，卻不保證能變得更「富有」，因為富有的定義絕不僅是物質的膚淺層面。

金錢能夠買到舒適，促進自由，但是一旦陷入錢的誘惑中，金錢反而成為羈絆和束縛。令人沮喪的是，金錢的誘惑似乎常常與手頭擁有的數目成正比——當你擁有的越多，想要的也就越多。同時，每一分錢的增量價值，似乎也與實際價值成反比——當你擁有越多，你需要的也就越多。正如亞里斯多德（Aristotle）筆下描述的那些富人一樣：「他們生活中的所有想法，就是不斷增加他們的金錢，或者如何不讓金錢損失。」

財富雖然是美好生活不可或缺的條件，但包含富翁在內，也不認為致富就是人生在世的終極目的，錢財只是創造美好人生的手段，只是實現人生理想的途徑。因此，充實與平衡的人生才是致富的出發點。

有錢人都積極且樂觀地規劃與執行一生的致富計畫，根據富翁們提出的原則，每個人既不必透支時間與精力，也不必犧牲工作與生活，就能獲得豐碩的財富。記住！唯有兼顧生活格調、心靈品質與物質需求，才是真正的「富有」。獲得天下財富而失去健康、家庭與生命意義的人，並不能算是值得效法的成功榜樣。現代社會中有許多人迷失於追逐財富的叢林中，而犧牲了生命中其它可貴的事物，正如所謂「窮得只剩下錢」的精神貧困現象，都值得用以借鑒，重新省思致富與生活的均衡原則。

心理學家馬斯洛提出的「需求層次理論」，把人的需要分為

由低到高的幾個層次，很明顯物質方面（生理、安全）的層次都居於下位，心靈與精神（社會、自尊、自我實現）方面的層次則居於上位。物質需要是初階的滿足，我們應將之控制在正當的限度內，並且不斷提升獲得滿足的層次，不要讓自己的金錢慾望，把自己永久侷限在低階的需求之中。

因此，致富的過程其實是一個心理與情感完善的過程，更是自我實現的過程，它既研究個人脫離貧困、充實物質的方法，更著重於幫助個體建立完善的人格，尋求享受人生的途徑，甚至實踐人生的理想。可以說，完善的人格是決定個人能否致富的根本，而財富的建立只是人格完善的結果。

 **高財生**

1 徹底認識自己可以減少徘徊歧路的機會，也能善用倏忽即逝的年華，掌握自身的興趣、潛能與專長，量身訂作屬於自己的未來。

2 真正的學習，是藉由習得的知識涵養內在、拓寬思維，經過反覆咀嚼領會之後，進而將之運用在日常生活，成為獲致個人提升的能量，並且在時代的發展中屹立不搖，甚至走在時代的尖端，培養「先知先覺」的眼光和胸襟。

3 成功掌控時間的前提，即是釐清內在的核心價值，在有限的時間內適度衡量輕重，排定優先次序，讓每段時間都能發揮最大的價值。用時間換取金錢，不一定能得到對等的報償；用金錢換取時間，卻能得到更大的獲利。

4 金錢象徵的價值，並不只是額度上的多寡，懂得善辨「價格」與「價值」的差異，反而能藉由「花錢」來為自己「省錢」甚至「賺錢」。損失與營收的眼光要放遠，倘若不捨一時的失去，也不會有後來的獲得。

要賺錢，就要敢勇於行動

培養換位思考的腦袋

換位思考，有句非常貼切的英文俚語「站在他人的鞋裡（stand in others' shoes）」，意指嘗試站在他人的立場來看待和處理事情，設身處地地體諒與尊重對方，理解對方的利益與難處。人與人之間的關係往往因為換位思考而減少了很多的誤解和摩擦，同時還能促進人與人之間的團結，增加團隊合作的效率與默契。不懂得換位思考的人，往往因為只從單一觀點出發，思考範圍狹隘，發生衝突時也無法體諒他人作為的緣由，雙方各執己見的結果，就是相互冒犯與誤解，進而導致工作成果的偏差。

換位思考看似與人際關係息息相關，透過深入體察夥伴的內心世界，達成相互寬容與諒解的境界，把彼此的內心世界，如情感經驗、思維方式等與對方聯繫起來，站在對方的立場上體驗和

思考問題，從而與對方在情感上得到溝通，為增進理解奠定基礎；然而，這與致富行動又有什麼關係呢？

換位思考減少無謂內耗

很少人的致富行動可以靠單打獨鬥而坐享財源，幾乎任何奮鬥的過程都需要不斷結合合作與競爭，而合作和競爭就是人際關係中最為複雜的環節。根據美國管理學會的調查，企業每週平均因溝通不良浪費五點六個小時，共占整週四十個工時的百分之十四，一年下來就是七週的時間耗費。

合作和競爭，並非人與人之間純粹的共處，而是頻繁且牽涉利益的互動關係。合作，必須雙方共同認可彼此的利益分配，並且願意協助對方共同獲取；競爭，也必須建立在雙方共同的情勢認知之上，並且審慎評估敵我之間的優劣條件，以謀求在角逐之中立於不敗之地。

換位思考，若能在這樣的商場或職場關係上完美運作，往往會給我們帶來意想不到的轉機和可觀的財富。

換位思考的要訣之一，就是「不把自己當成自己」。

倘若能夠跳出自己的軀殼，用第三者的角度來評估自己和他人，就能清楚察知自己和他人的立場與考量。例如父母與子女之間的思維往往有極大的落差，父母經常為了子女的安全，拒絕子女出遊的懇求；而子女只期待能夠與同儕或情人共處，對於安全與否的考量則置於次要。此時，若父母和子女相互進行「換位思考」，父母理解子女需要友伴的心情，子女體會父母愛深責切的

態度，就能做出適宜的折衷，例如在同意出遊的前提下同時進行各種措施，讓父母隨時能掌握子女的安全。

　　運用在商場之上時，換位思考的目的同樣是「清楚察知自己和他人的立場與考量」，但察知可以是體諒，也可以是攻訐，完全端看對象的性質而定。若與合作對象有所衝突時，可以先評估與對方合作的利潤，以決定是否繼續維持關係；倘若決定繼續維持關係，則須經由「換位思考」來釐清雙方之間關係的「病因」。而若與競爭對手激烈較勁時，更應該透過「換位思考」，捫心自問：倘若我是對方，將會如何攻擊我自己？倘若我是對方，將會如何維護他自己？由此自問自答之間，模擬「知彼知己，百戰不殆」的奧義。

　　曾有這樣一則故事：有家醫院的小病房裡住著兩個病人，由於房間很小，只有一扇窗可以看見外面的世界。醫生特准住在窗邊的那位病人，每天下午可以坐在床上一個小時；而另一名病人，則終日都平躺在床上。

　　每天下午，睡在窗旁的病人都會把窗外的景致描繪給另一個人聽：從窗口向外眺望，可以看到公園清澈的湖泊，湖裡有鴨子和天鵝，還有孩子們在湖面玩模型船；年輕的戀人在樹下挽手散步，穿過鮮花盛開、綠草如茵的草坪，伴隨著人們奔跑追逐的嬉鬧聲，一切都在萬里晴空的照耀之中。

　　另一個人總是側耳傾聽，享受每一分鐘，臨窗病友的述說幾乎使他如臨其境，彷彿自己就徜徉在公園浪漫的氛圍裡。然而，在一個天氣晴朗的午後，他終於忍不住起了這樣的念頭：為什麼

睡在窗邊的人可以獨享看到外界的權利呢？為什麼我就沒有這樣的機會呢？他越想越覺得不是滋味，想換床位的念頭越來越強烈。

那天夜裡，臨窗的病人忽然醒了，劇烈地咳嗽，一面揮手示意要護士進來，但這個人只是冷眼旁觀。第二天早上護士進來的時候，臨窗的人已經死了，屍體被人靜靜地抬走。這人終於得到機會，開口詢問護士調動床位的事。護士同意了，替他換了位置，但當他拚命用雙手撐起身體，吃力地往窗外一望，看見的卻是——

原來窗外只有一堵空白的牆。

換位思考的要訣之二，就是在既有的條件之中，盡其所能轉換自己的思維。

因為臨窗的病人比另一位病人多了一扇窗，即使那扇窗事實上並沒有為他帶來燦美的風景，但這扇窗的存在，卻為他帶來想像的空間。如果臨窗病人往外看到的是一堵白牆，那麼他就不會有憑藉想像帶來的心靈滿足，更無法將這樣的滿足分享給身旁的病友，而會兩兩深陷在病痛的苦楚和消極之中，永遠看不見陽光和綠草。

用在致富思維之中，如果我們只擁有一份普通的受薪工作，我們也可以跳脫普通上班族的刻板生活，想像自己如果是上司，可以有怎樣的眼光和建樹？把這樣的思考成果應用在平日工作之中，將會使成效更加亮眼奪目，在平凡裡開展出不平凡的新意。

換位思考的要訣之三，就是謙卑地站在他人的角度。

太過自負的人往往略過這個步驟，認為一己灼見卓絕群倫，

若是站在他人的角度自我評價，反而變成一種無謂的牽就。例如提出一種新產品企劃時，只純粹埋頭蒐集資料或情報、憑一己之力籌劃撰寫，卻不懂得要去請教他人的意見。也許你覺得這麼做是多餘的，但是事實上，任何一個新產品的開發都離不開旁人的關注。如果你只從自己的角度出發，而不願納入他人的觀點，那麼即使是你的得意之作，也難以引發旁人的共鳴。如果你能一開始就從大家的需要出發，未來產品一旦上市，才會贏得萬眾關注！

換位思考營造良好關係

有一位客服人員深諳換位思考的道理，他一直殷勤對待每一位「要求至上」的客戶，他明白當自己身為消費者時，也會希望付出的金錢可以得到相等甚至超值的服務。在他看來，所謂換位思考，就是從客戶的角度出發去看待事物，是客戶服務意識中最為基本的要素；但在實際上卻要將之深植到工作當中，每日貫徹並時刻提醒自己：「服務，以客戶為本。」

在他初出茅廬之時，擁有無比的熱情和蓬勃的朝氣，如同許多甫離校園的畢業生，對豐富多彩的職場生涯懷抱無限憧憬。他和其它許多人一樣，追求高產的電話處理量和高額的獎金，追求薪資的爬升和業績的成長。這期間他曾面對過各式各樣的客戶，他只求以最短的時間滿足對方的要求，可是長此以往，他卻發現自己逐漸失去了活力，覺得工作變得枯燥單調，只是「為工作而工作」。

　　此時，一位資深同事發現他態度的轉變，給了他一份珍貴的箴言：「無論對業務知識有多麼熟悉，客戶始終是客戶，他們沒有受過我們專業的培訓，不能期待客戶像我們一樣了解公司的業務和產品。很多時候不是你認為客戶應該知道，他就確實知道。更要注意的是，我們接受的訓練中充滿專業術語，但是我們在與非專業對象溝通時，應該使用淺白易懂的語言，這並非『不夠專業』的表現，身為客服人員，當我們溝通時的話術越清楚易懂，就是我們越『專業』的象徵。」

　　從此，這位客服人員徹底改變自己的想法，他不再盲目追求所謂的業務接聽量，而更在乎如何充實自己，以最理想的狀態去服務公司的每一位客戶，並針對不同客戶提供不同的個性化服務，確保每一通電話的服務品質。因為只有更好的服務，才能留住客戶的心，留住客戶對公司的信任與支持。因為這樣關鍵的轉變，全新的態度和嘗試使他的工作成績越來越出色，薪水自然也就越來越多了！

　　愛因斯坦（Einstein）曾說：「對我來說，生命的意義在於設身處地替別人著想，憂他人之憂，樂他人之樂。」

　　當我們實現「角色換位」的時候，無論我們的出發點是為了營利還是為了博得大眾歡迎，當我們真正能夠為他人設身處地著想時，就能得到大家的認可：你替上級著想，上級會給你拔擢晉升的機會；你替同事著想，同事也會在必要時向你伸出援手；你替客戶著想，客戶就會樂意對你的服務或商品打開荷包，為你創造源源不絕的商機。

　　不用因最初的目的是為了致富感到慚愧，致富絕對是大多數人的嚮往，而敢於實踐的人更應獲得掌聲。追求生活的富足不應遭到非難，只有為了致富不擇手段才應受到譴責。為了開拓財源商機，學習換位思考的技巧，反而會直接促進人際關係的開展，讓他人與自己相處得更為圓融，也讓自己的工作表現和業績蒸蒸日上，無非是利人利己的新型生活方式。

　　你是否體驗過差勁的職場互動關係？

　　有些人往往會對別人的工作品頭論足，對他人的成就不以為然，對他人的過錯相當苛求。有些公司中經常瀰漫著低氣壓，就是因為相互挑剔與責難，讓彼此之間處於極大的工作壓力和受挫的人際互動之下，這種情形，既不利於工作，也不利於團結，而且如果每個同事都抱持這種思維方式的話，工作環境就會變得越來越壓抑。也許你曾經受過批評，也許你曾經批評過他人，但是你一定會在遭受批評的時候深感委屈，並在心裡滋生防衛機制，也用同樣的嚴苛標準檢視他人，從而形成一個惡性循環。

　　有一個團體遊戲稱作「空中斷橋」，廣泛被納為企業培訓的活動項目之一。遊戲方式是在八公尺高的空中，架設一座木橋，在橋的一端有一道一至兩公尺的缺口，遊戲者必須從斷橋的一端跨越到另一端，才算挑戰成功。

　　這個遊戲，旁觀者和參與者站在兩個截然不同的視角，因此心境也有極大的迴異。站在地面的人，看見別的同事站在空中的橋上膽戰心驚、躊躇不前，總會覺得略為不耐，甚至不以為然，不過就是一公尺多的寬度嗎？竟然還需要他人不斷安慰、不斷鼓

勵才能跳過去。但當站在地面的人和站在空中的人角色互換，自己親身在橋上走過一回才知道，空中的一公尺和地面的一公尺完全是天差地別。在地面的人很難理解在空中僅僅只是抬起腳，就要多大的勇氣來支撐。

這個遊戲就是經典的「換位思考」實例。換了位置，「一公尺」的意義就會截然不同。一公尺已是經由客觀測量得出的數據，都還會遭到這樣的挑戰，何況其它？當我們再度聽見這樣的叫囂：「連發封英文 E-mail 也不會？」「只是幫忙安排記者會也會出差錯！」「連介紹我們的產品都講得結結巴巴！」……這時，懂得「換位思考」的人，就會懂得去留意每個人的特殊性，是否有些人在文字和口語表達上各擅其場？是否有些人心思不夠縝密，卻具有天馬行空的創意發想……？有了這樣的思維，不僅在對內相處時能夠懂得與人相交的藝術，在對外服務時，也懂得如何迎合不同類型的客戶需求，讓每個被服務的人都感到自己獨一無二。

古語云：「當局者迷，旁觀者清。」又云：「不識廬山真面目，只緣身在此山中。」人們看待事物、處理問題，總習慣於用主觀的、單一的思路進行思考，跳不出自我的圈子。每個人的生活環境不同，生活閱歷各異，工作能力和經驗也有高低之別，觀察分析事物的角度、解決問題的思路都有所差距。因此，用「一分為二」甚至「一分為多」的觀點來看，改平視為仰角或俯角，變換位置以求同中存異，在比較中反思，並將這條道理運用於工作和生活中，自然會收到驚人的成效。

在生活中實踐換位思考

我們常常可以在百貨公司或大型商場裡，看到四處奔竄甚至哭鬧的孩童。有許多父母都無法理解，為什麼他們不願意待在這樣琳瑯新奇的地方，總是一刻也無法平靜下來？一名兒童心理學家，卻利用「換位思考」輕而易舉地解決了這個問題：當我們蹲下來用兒童的角度環視周遭，會發現周遭並沒有什麼迷人的景象，只有一雙又一雙的──大人們的腿。

還有另外一個例子。有位演講者詢問臺下的聽眾：「為什麼電梯裡常常會設置一面大鏡子？」臺下聽眾紛紛舉手回應：「用來檢查自己的儀表。」「用來擴大視覺空間，增加寬敞度。」「讓狹窄的密閉空間看起來更明亮開闊。」「用來觀察身後有沒有不懷好意的人。」……

演講者聽了一輪五花八門的答案，終於清了清嗓子緩緩地說：「你們給的答案確實都是鏡子的用途之一，我無法論定這些說法的對錯。可惜的是，我始終沒有聽到一種說法是：『為了讓身心障礙者坐著輪椅進入後，不必費力轉身，就可以看到身後的樓層顯示燈』。」

在生活中實踐「換位思考」，「理解」只是初步，重點應該是「理解」之後對社會、對個人、對人生方向所做的積極改變，這就是「換位思考」的第一個目的。

如果我們眼中只能看見跟自己一樣的人，看不見身心障礙、經濟貧困、目不識丁等非主流的群體，我們的思考就非常有限；反之，若能把這些人的需求都納入考量，就能開發出更友善、更

多元的產品與服務，讓多數與少數都願意支持我們的目的。

換位思考的第二個目的，同樣在於「理解」，但理解的是他人風光外在下的難處，進而接受與滿足自己的現狀。

有一個農民覺得終日在田裡勞動非常辛苦，尤其當天氣炎熱時，更是苦不堪言。他每天前往農田時都會經過一座廟，廟前總有一個和尚坐在大樹的樹蔭下，悠然地搖著芭蕉扇納涼，舒適的形貌讓農民深感羨慕。

某天，農夫回家告訴妻子，自己想出家當和尚。明理的妻子只是淡淡地回答：「出家當和尚將會一去不返，但是田裡的收成不能坐視不顧。我明天開始和你一起到田間勞動，一方面向你學些農藝，另外及早把農事做完，也好讓你早些離開。」

從此，兩人晨間同出，夜裡同歸，中午妻子還會提早回家燒飯，帶來廟前的樹蔭下與農夫共食。時光飛逝，田裡的主要農事完成了，擇了吉日，妻子幫他打包貼身衣物和些許盤纏，親自送他到廟裡，並說明了來意。廟裡的和尚聽了非常詫異，說：「我看到你們夫妻倆，早同出、晚同歸，中午同食；一面揮汗，一面說笑，豈非一對讓人稱羨的鴛鴦？我看到你們生活過得這樣幸福，羨慕得我已經下定決心要還俗了，你反而跑來做和尚？」

換位思考，也就是在待人處事的同時，站在對方的立場上全面考慮問題，使得觀點比較客觀公正，避免主觀片面；對人要求也不會過於苛刻，而會更加寬容大度；自處時也可以將心比心，知足常樂。

有另外一個與上述類似，結局卻相當詼諧的小故事：

　　有個男人成天在外打拚事業，而妻子則是位全職的家庭主婦，幾乎整天足不出戶地待在家裡。每當兩人發生口角之時，雙方總會埋怨對方不懂自己的辛勞。

　　有天男人終於受不了了，向上帝禱告道：「萬能的主啊！我每天都在外工作整整八個小時，勞苦奔波不說，還有人際和業績壓力把我壓得喘不過氣。然而我的妻子，她卻整天悠閒地待在屋子裡！我一定要讓她知道我的日子是怎麼過的！求求您，讓我和她的軀體調換一天吧，阿門。」

　　第二天一早，男人掀開棉被，果然已經變成了女兒身。他起床準備早點，叫醒孩子們，為他們穿上校服，餵完早餐，再準備好他們的午餐，然後開車送他們去學校。回家之後，他把整個洗衣機的衣物依照顏色深淺分類，分批洗淨；還另外挑出需要乾洗的衣物，送到乾洗店。回程中順路到銀行繳清帳單、提領家用開銷的款項，然後前往市場採購各式蔬果與肉類。

　　當寵物清理告一段落時，已經是下午時分了。他匆忙地整理床舖、清理灰塵，清掃家具和地板上的髒汙，以及廚房裡用過的炒鍋和碗盤。打掃結束後已是放學時間，他連忙衝往學校去接孩子們，孩子還因為他穿著圍裙開車大笑了一會兒。

　　回家後他替孩子換下制服，陪伴孩子做功課，解答孩子千奇百怪的問題，然後用熨斗將弄皺的襯衫一一燙平。完成之後，他動手清洗蔬菜，處理果皮和魚鱗，開始張羅晚餐。此時妻子已經回來了，放下公事包坐進了餐桌。

　　吃完晚飯，他開始收拾碗筷，然後替孩子們洗澡，哄他們入

睡，然後自己才能拖著疲憊的身軀去洗澡。好不容易爬上了床，然而那裡還有人期待著他，他不能有任何抱怨。

第二天一早，他一醒來就跪在床邊，向主祈求：「主啊，都怪我太愚昧，我怎麼會嫉妒我老婆能成天待在家裡？求求您，快點讓我們換回來吧！」

只聽見天上傳了一個聲音回答他：「我非常樂意幫助你，但是……恐怕你不得不再等上九個月，因為你昨晚懷孕了！」

透過角色換位，可以讓我們突破固有的思考習慣，學會變通，解決常規性思維下難以解決的問題；透過角色換位，可以讓我們了解別人的心理需求，感受他人的情緒，進行有效率的溝通；透過角色換位，可以讓我們揣摩對方的心理，達到說服對方的目的；透過角色換位，可以讓我們欣賞他人的優點，給予對方真誠的鼓勵，使團隊和諧融洽；透過角色換位，可以讓我們進行周全的服務定位，成功銷售我們的產品；透過角色換位，領導者可以得到下屬的擁戴，下屬也可以得到上級的器重。換位思考，應該是冀求致富的我們必備的基本功夫。

打造善於應變的智慧

適者生存的不滅定律

善於應變的前提，即在於學會「適應環境」。

　　不論是在平原窪地、高山峭壁甚至極地冰原，水的蹤跡永遠隨處可見，這就是它們懂得隨時隨地變化自己的形貌，在不同的空間裡以最適宜的姿態現身。正因如此，水才能恆常永存，生生不息。

　　曾經有一個科學家做過這樣的兩個實驗：

　　第一個實驗，是設置一個複雜的迷宮，在迷宮出口擺放一大塊乳酪，然後把小白鼠放在迷宮入口。遊戲的初始，小白鼠憑藉著過人的嗅覺，很快地覓得路線，抵達出口。接著，科學家開始在小白鼠行經的路線設置障礙，等牠發現記憶的路線不通時，牠又開始勘察其它可能的走法，而後又順利地找到了乳酪。

　　第二個實驗，則是把幾隻蜜蜂放在一個開著口的瓶子底部，並且將瓶底朝向光源，結果牠們全數朝著瓶底橫衝直撞，卻完全不考慮其它的方向。

　　這兩個實驗的目的並不在探討動物的智商高低，或是蜜蜂本身的趨光特性，而是在於歸結「適者生存」的結論。對趨光習性的執著，往往成為葬送蜜蜂的致命弱點；然而靈巧多變的鼠類，則不會因為在某處無法尋得食物，就放棄了往其它方向探求可能的機會，因而不致於坐以待斃。

　　即使現今，重視社會福利與救援的人道價值廣受重視，「叢林法則」退居次位，「不適者」不見得會遭到環境滅汰；然而這些援手卻往往是富豪成功達陣之後才有空暇伸出。真正對財富懷抱夢想的靈魂，絕對禁不起這樣的等待，因而必須主動成為「適者」，主動面對與適應環境的動盪。

一九七三與一九七九年的兩次石油危機，讓美國汽車銷路受到極大影響，汽車產業也因此陷入泥淖。由於日本本土資源缺乏，大多數資源必須倚賴進口，因而當時的豐田汽車獨闢蹊徑，以「節省資源」為設計產品的最高指導原則，發明出既省油且成本低的車型。

一九七九年美國的汽車銷售，比前一年下滑了百分之十；一九八〇年甚至下滑為百分之二十一，許多企業破產或是瀕臨破產；然而日本汽車卻趁勢進駐，時至去年底其在美市佔率已達百分之四十四。適切配合環境的要求，正是造就這種獨厚優勢的根源。

隨「變」而「應」真智慧

中國古代有許多關於急智的幽默故事。清朝乾隆皇帝身邊，和珅當國，權傾一世。當時紀曉嵐官拜侍郎，和珅官拜尚書，某日，兩人坐在花園裡品茶，和珅想戲弄一下紀曉嵐，便指著路旁一條狗問紀曉嵐道：「是狼（侍郎）是狗？」他用了諧音字，表面上看來是問紀曉嵐「是狼是狗」，實際上卻是拐彎暗諷紀曉嵐。

誰知紀曉嵐反應更為敏捷，輕描淡寫地回答道：「見其尾毛，下垂是狼，上豎（尚書）是狗。」當場讓和珅啞口無言。

擁有良好的應變能力，最突出的體現就是發生意想不到的突發事件時，能夠以得體巧妙的方式來應對，既不讓自己陷於窘境，也同時顧全大局。

　　應變能力是當代人應當具有的基本能力之一，時勢世局瞬息萬變，我們每天都要面對比過去成倍增長的資訊，並要迅速分析這些資訊，以求把握時代脈搏、跟上時代潮流；有時候，即使事先制定了天衣無縫的計畫，但是卻遭到突發事件攪局，使得預期目標無法完成，在無法事前部署規劃，又無法及時尋求救援的狀況下，我們唯一能倚賴的對象，就是自己歷經長時累積而成的應變能力。

　　若能巧妙奠定應變能力，並且在現實生活中圓滑應用的話，小則可以助我們脫險，在遇到不利的情勢時自我保全；大則可以讓我們反擊情勢，化險阻為康莊，化危機為轉機，讓外人眼中的「變局」鋪築自己的成功之道。

　　追求財富的人都不能自外於時局的變動，如果無法成為開拓先機的人，就要懂得成為追隨商機的人。如果無法打造暢銷書，就必須懂得借勢使力，利用暢銷書的熱潮搭上周邊商機，例如《祕密》（The Secret）轟動上市之後，又出現《祕密沒說完的事：如何擁有好情緒》（Your Destiny Switch: Master Your Key Emotions, and Attract the Life of Your Dreams.）；又例如臺灣政府當局於二〇〇八年十一月中旬宣布發放消費券的消息之後，美容美體、旅遊住宿、娛樂休閒、甚至網路虛擬商家都立即推出相應優惠措施，直到二〇〇九年一月中旬正式發放的短短兩個月內，消費券相關優惠活動已萌發得令人眼花撩亂。相對地，來不及趕上這波風潮的商家，自然也將痛失不少孔方入袋的機會。

　　應變能力的智慧在人生中扮演極其關鍵的角色，應變能力冠

於群倫者，幾乎就離成功近在咫尺；即使想像中的目標仍須再加努力，有了應變能力的加持，也足以讓個人的人生順遂多彩，人格充滿知性魅力。

練就應變能力的外功

　　一般提及應變，大家自然而然會想到巧舌如簧的嘴上功夫。對話，的確是培養應變的練習場，一個人的應變能力如何，端看他與他人對話時的語言應用，就可略知一二。然而，單是口才上的應變技巧，自然不足以臻至大成功。

　　先讓我們來定義成功。什麼是成功呢？一個人透過自身的努力達到了預期目的，我們就稱之為「成功」。當然，從整體人類社會來看，成功的規模大小不一，判斷的依據並非創造的財富價值或名聲的響亮程度，而是對於整體社會的發展是否起了舉足輕重的作用，例如達爾文的進化論、愛因斯坦的相對論、馬克思的資本論等，我們都可稱為「大成功」；美國的比爾・蓋茲、香港的李嘉誠、日本的松下幸之助、臺灣的王永慶，都在經營領域創立了獨樹一格的典範，並為無數勞工開創了大量的就業機會，也可稱之為「大成功」。

　　另一方面，在日常生活中，有些人考上了大學、找到了好的工作，甚至對某些人而言，寫好一篇文章、做出一盤佳餚，都是值得喝采的成功！然而因為這些成功的影響層面較小，只能算是「小成功」。

　　回過頭來看，成功和口才有什麼關係呢？我們可以這樣概

括：在整個人生旅途上，口才會助你成功，加速你的成功，提高你成功的機率，在關鍵時刻起到決定性的作用。

有一個人，他的小孩正逢滿月，許多朋友前來祝賀，眾人圍桌進餐。這時飛來了一隻蒼蠅，他的妹妹就對著蒼蠅說：「誰請你來的？沒請你就來了。」身旁的朋友一聽，心想：「這話是不是對我說的？」於是半口酒也沒喝就起身走了。

還有一個老頭扛著煤氣罐出去換煤氣，一個小伙子看見了，說：「大爺你沒氣了？」老頭聽了非常生氣，認為小伙子口沒遮攔。小伙子當時如果改口說：「煤氣罐沒有氣了，我幫你拿著，晚上給你送回去」，老頭不但不會發怒，還會稱讚小伙子懂得禮數。

以上兩例，之所以把好事搞砸、無風起浪，都是因為當事人的應變能力差、口才技巧笨拙，我們將之稱為「外功」。

外功主要分為兩個方面：一個是嘴上的功夫，這就是我們所說的有聲語言（verbal language）；一個是身上的功夫，這就是我們所說的體態語言（non-verbal language）或（body language）。

「外功」到底如何影響成敗？

「先行其言，而後從之」、「君子恥其言而過其行」，這些《論語》中傳誦百世的經典名言，在在顯揚中國傳統認為「做比說好」，少說多做是學習之本，也是美德的表現。然而，就應變能力言之，有聲語言由於可經過有意識的操弄與搬演，也能在適當的時機點上迅速產生，發揮轉寰情勢的力量遠較體態語言大得

多；相對而言，體態語言經常在不經意之間流露無意識的訊息，個人往往難以掌控；而且非經仔細審視不易察覺，加上發揮作用的速度慢（聆聽到某人說話的速度比觀察到某人蹙眉並理解其意還要慢上許多），經常錯失良機。

　　如此一來，口才的重要性自然不言而喻。以下有五種用以判別口才優劣的具體判準，當這個人的口語表達能力完全符合這五種，我們就說這個人有口才。

一、言之有理

　　說一個人有口才，他講的話必須合乎邏輯與道理，不是歪理邪說，也不是胡說八道，這是口才的第一個標準。「理」的前提即是有憑有據，憑據可以是先前對話的脈絡，也可以是普世皆知的真理，而應盡量避免天馬行空、天外飛來一筆的言語。

二、言之有物

　　有口才的人說出來的話不能空洞乏味，而要真的富含個人的見解或既有的學識、新鮮的資訊，讓聽者從聆聽的過程中有所斬獲。當然人類平時的對話也不乏空泛的感嘆或抒發，然而若沒有實質看法的填補，長此以往，必然讓人覺得言語無味。

三、言之有序

　　當你發表論述或是與人交談時，應該讓人覺得條理清楚，而不是邏輯紊亂、語序跳躍，讓人摸不著頭腦。例如有些人陳述一件事到一半，忽然又談起第二件事，再忽然跳到第三件

事，再回頭重述第一件事……，即使聽者能夠理解，這種敘述方式也不免帶來負面「聽」感。

四、言之有文

說話時的用詞不能粗俗膚淺，必須巧妙地融合文采學識在其中。口才好的人並不會因此讓對話變得佶屈聱牙，反而能使之增色不少。粗俗膚淺的用詞有時可以帶來樂趣，或增近彼此的親近感，然而過分使用，將影響他人對自己的評價；富有文采學識的談吐也不須引經據典，倘若在對話當中出現「《菜根譚》有句話說……」，恐怕也會讓人捧腹。分寸的拿捏，就是有無口才的關鍵。

五、言之有情

一個有口才的人，講起話來總是富含感情，一旦開口，彷彿喜怒哀樂都隨著文字傳達給聽眾，使其為之震動、為之驚詫、為之歡樂、為之悲泣。同樣一則笑話從不同人口中說出，有人可以引起哄堂大笑，有人則備受冷落，原因就在於誰能夠深刻牽引聽者的情緒。

什麼樣的人沒有口才呢？一種是鮮少開口，一說起話就期期艾艾，亂無章法，更別提言之有什麼，可能連「言」本身都是一大障礙。還有一種人，一講起話來就喋喋不休，東拉西扯、思想浮泛，雖然能講，但是並不見得有口才，我們不應被這種假象迷惑。沒有真的口才，應變能力就無從談起！

其次，體態語言雖然如前所述，在應變當中不見得能發揮比有聲語言更大的影響力，但也並非絕對。在某些情況中，可能不

便以言語直接表達意見，這時體態語言就立即產生先占優勢。一個手勢，一個動作，甚至各種站姿、坐姿、走姿、臥姿、手勢、動作、眼神、笑容等，都可能蘊含無限的意念在其中。要注意的是，體態語言的意涵隨各人解讀，不若有聲語言直截明確，只適合用於間接、迂迴、模稜兩可的狀況，否則若是產生誤會，反而會將情勢推落谷底。

練就應變能力的內功

南宋愛國詩人陸游的兒子想學詩，因此寫了一封信給陸游。陸游給他的回信說：「汝果欲學詩，功夫在詩外」。這是什麼意思呢？意思就是詩的體裁、平仄和押韻等形式規律都不難學，但真正困難的在於寫詩之外的眼界與胸懷。單有體裁華美卻內容空洞，例如六朝駢文最終走向形式主義，只會換來後世的負面評價；而真正能流芳百世的佳作，如蘇軾、李白與陸游自己，絕對都有不凡的心胸與抱負。同樣，想提高自己的「外功」──語言應變能力和姿態語言──，也要從內在修養做起！

一個精明善於應變的人，應該具有如下的內在修養：

一、敏銳的觀察力

敏銳的觀察力可以讓人順利地結合智慧與環境，在適當的場合之中善用最佳的應對方法。

《三國演義》中著名的劉備失箸，正是一起佳例。

劉備起先為曹操部下，受詔誅殺曹操，但為曹操得知。趁著關張不在，劉備一人在後園澆菜，曹操託人將他請至小亭，

一面煮酒，一面暢聊天下何人可當英雄稱號。曹操為試探劉備是否有稱雄之心，故意說道：「今天下英雄，惟使君與操耳！」劉備料到了曹操的心思，嚇得手裡餐具通通落地，剛巧雷聲大作，他則順勢俯身拾起筷子說：「聖人迅雷風烈必變，安得不畏？」

劉備之言，不但輕易地交代了失箸之故，還讓曹操視他為膽小如鼠之輩，自此再也不懷疑劉備。這正是善用客觀情勢的變化，轉為自身可用優勢的變通能力。

二、廣博的閱歷與學問

許多反應奇快的人都不是胸無點墨之輩，因為見多識廣，可以運用的資本也就隨之增加。見識可以替人累積歷練，就像同樣的考題出多了總有一天會寫，同樣的陷阱跌怕了總有一天會躲。遇到從未經歷的狀況時會手足無措本是正常，但歷練一多，不只應變的手段會隨之而生，應變的花招也會更加多元與豐富。

二〇〇九年一月十五日，一架全美航空客機（U. S. Airways）在美國紐約布朗克斯市區上空，因疑似遭到鳥擊，兩具引擎全部停擺，並發出驚人的爆裂聲與濃濃黑煙。擁有四十年飛行經驗的機長蘇倫伯格（Sullenberger）臨危不亂，憑藉著過去累積的知識技能，緊急迫降於哈德遜河面，在低溫、時間緊迫與性命交關幾大惡劣條件的壓力之下，成功創造了全球盛讚不絕的「哈德遜奇蹟」，保住了機上一百五十五名乘客的性命。

蘇倫伯格的例子正為閱歷的重要性，下了絕佳的註腳。

以下略提幾則名家遇到攻擊的精彩對答：

1、德國詩人歌德和一個評論家向來是死對頭。評論家非常傲慢，總是覺得歌德不如自己。有一天，兩個人在公園裡相遇，公園的小徑只能夠讓一個人通過。當兩個人快碰頭的時候，評論家故意停下腳步說：「哼，我向來不願意讓路給蠢材的。」此時的歌德卻不慌不忙地退到一旁：「而我卻正好相反。」

2、愛爾蘭劇作家蕭伯納（George Bernard Shaw）身形非常纖瘦，一個胖胖的資本家看到他，語帶嘲諷地說：「看到你，就知道這個世界在鬧饑荒。」蕭伯納馬上回敬：「看到你，就知道這個世界鬧饑荒的原因了。」

3、德國著名詩人海涅（Heine）是猶太身分。有一次晚會上，一個旅行家語帶誇張地說：「我發現了一個小島，你知道嗎？那個島上竟然沒有猶太人和驢子！」海涅卻不動聲色地說：「看來，只有你我一起去那個島上，才能彌補這個缺陷！」

以上三個人令人拍案叫絕的應變絕技，正是在於「以子之矛，攻子之盾」。他們完全不動氣發火、不耗費唇舌，就讓那些主動攻擊的人立刻「自取滅亡」。

未來難以預料，人也不可能一直受到好運眷顧，所以我們必須有危機意識，在心理及行為措施上有所準備，才能應付突如其來的變化。雖說「應變」就是為了應付沒有準備的衝擊情況，然

而「應變」本身仍然需要準備！從內外功夫全面為自己的應變奠定根基，才能讓應變適時地成為危機降臨的掩護。

善於捕捉市場變化

松下幸之助曾說：「以摸彩或漫無計畫的打折來確保市場，是輕視人性的作用。」

當「應變」進入更具體的階段，成為經商致富的應用法則時，又該如何讓它達到創造利潤的目的呢？在競爭激烈的市場上，完全沒有一個定制，它運行時唯一不變的規律就是「變」。經營應該是動態的經營，市場環境的不斷變化，需要經營者的適時應變。適時調整自己的投資理念與投資策略，適應市場變化的節奏者才是智者，而故步自封、墨守成規將會使人喪失優勢、陷入絕境。

眼光獨到的企業家對市場行情的「溫度」往往都有特殊的見解，因而經常能夠出人意表地大獲全勝。事實上，商機的冷熱只是暫時的，隨著大環境的不斷變遷，冷熱都會漸趨冷卻或加溫，甚至逆轉。因此，能夠成功致富的企業都必須善於捕捉市場變化，才有獲致成功的機會。

聞名全球的「希臘船王」奧納西斯（Onassis），一九二二年時卻是以難民身分，在走投無路之下進入希臘國土。後來趁著在一條舊貨船上打工的機會，奧納西斯逃到阿根廷，開啟了他轟轟烈烈的創業生涯。

在阿根廷，他先在一間電話公司當焊接工人，每天工作十六

個小時以上，有時候甚至通宵達旦。由於工時甚長，加上奧納西斯性情節儉，不久後他便有了自己的積蓄。隨後，他開始從事煙草生產，資金更是加倍成長，從中他也培養出非凡的經營眼光。他認為，真正能夠致富的聖地，就在那些他人認為無利可圖的荒野當中。

一九三一年，正逢經濟大蕭條（Great Depression），世界貿易陷於癱瘓，奧納西斯卻以過人的勇氣，把財力投注在最不景氣的海運事業。當加拿大國營鐵路公司被迫出售產業時，奧納西斯得知該公司有六艘貨船出售，這些船在十年前的價錢是每艘兩百萬美元，現在卻只賣兩萬美元。奧納西斯急忙趕到加拿大買下了這六艘貨船，並且深信將來時勢必有轉寰，屆時不僅現在的投資會全數回本，還會有更高額的利潤如潮而來。

果然，到了一九三九年，第二次世界大戰爆發，海上運輸形勢回升，軍事國防的戰略需求更使它的地位今非昔比。奧納西斯的明智抉擇果然奏效，當初購買的六艘貨船頓時成了活動的金礦，在當時形同掌控全球制海權，成為左右世界命脈的主宰者。

二次大戰過後，情勢又出現了變化，海運軍需下降，資本家又開始舉棋不定之時，奧納西斯又魄力驚人地開始投資油輪。直到一九七五年，他已擁有四十五艘油輪，其中十五艘更是二十萬噸以上的超級油輪！這與當初日薪二十三美分的他已不可同日而語。除了上述的那些輪船和油輪，他還擁有幾家造船廠、一百多家航空公司和眾多地產、礦山，財產總額竟達數十億美元之鉅！

奧納西斯的成功沒有別的原因，要項就在於：他在萬變當中

Reach the riches

站得比別人更穩。當別人正因局勢變遷而搖擺躊躇，奧納西斯敢於立定方向，尋找出路，而不是毫無目的地隨波擺盪。

英國經營專家馬洛從眾多衰敗企業的案例中，歸納出以下五個可能的原因：

一、**未能適時採取行動**。許多管理者在陷入困境時，大多在等待外在條件的好轉，但真正善於應變的人卻能有先見之明，在別人按兵不動時先發制人。

二、**未能警覺財務狀況的變化**。有許多經營者認為企業財務狀況總是有跡可尋，處於穩定狀態，卻忽略了市場遽變時，可能對企業財務狀況造成的影響。

三、**未能找出真正病因**。當企業產品銷量下降，造成產品滯銷時，有些企業僅從外銷上尋找出路，卻未找出真正的原因並加以「根治」，以致情況繼續惡化。

四、**止於「至善」**。環境是動態的，在市場當中沒有所謂「至善」可言，只有不斷更新的「更善」，因此若一臻於至善就立即停擺，這樣的經營勢必出現問題。

五、**無法預測未來**。預測未來的眼光也是「應變」的一大要件，當世界處於變局當中，即使無法精準預料下一步，至少必須有猜測與想像下一步趨勢的能耐，否則就將被其它具有這種能力的對手擊敗。

密切注視市場態勢，善於尋找和創造機會，是許多經營者基本的成功之道。快速應變是經營者面對競爭與挑戰，適應市場環境變化必服的良方，只有這樣才能拔得頭籌，在財富競逐當中旗

開得勝。

訓練廣結人脈的手腕

挖掘人脈礦藏

　　致富之路，並不只是一個不斷與金錢打交道的過程，我們還必須在這過程中與無數的人打交道，這些人可能是我們的貴人、可能是我們的同事夥伴、可能是我們的上司主管、可能是我們的下級部屬、可能是合作廠商甚至競爭對手。這些活生生的「人脈」，倘能善用，都能夠編成一本「人脈存摺」，就像現金一般不但能產生利息（透過朋友推薦或介紹認識更多的人），還能在需要的時候領出應急（遇到問題時從人脈存摺裡尋找專家）。

　　人脈與金脈最關鍵的不同就是，金脈無須互動與照顧，是你的就是你的，一旦賺入口袋就是一筆儲蓄；然而人脈如果疏於照顧，卻會逐漸流失；而且人類較之金錢多了更多的不確定性，金錢一旦提領便可立即花用，但若欲「花用」人脈卻不見得可以。因為雙方對關係會有不同的解讀，你覺得熟悉的對象，卻不一定認為有義務在你有需求的時候伸出援手。

　　正因人脈這種複雜的特性，我們必須一面開發，一面維持，「人脈存摺」中的礦藏才能真正屬於我們。

　　豐化人脈存款，首先必須釐清人際連帶的特質。

　　人與人之間的關係，依照強度劃分，可以分成**強連帶、弱連帶**與**無連帶**，強度的劃分依據可能是互動的頻率與深度、認識時間的長短、親近程度等等，連帶的強弱反映彼此之間關係的密切度，同時也決定彼此是否能列入對方的「存摺明細」。

　　中國《商務週刊》曾經出現這樣的一段話：「當被問到是不是朋友提供了工作資訊時，最經常的答案是『不是朋友，是認識的一個人』。」

　　有些人經常認為，強連帶關係才是真正的人脈資本，因為交情夠深，較有可能在事業上互助一臂之力；然而根據社會學大師馬克‧格蘭諾維特（Mark S. Granovetter）的「弱連帶優勢理論」，卻指出了完全相反的結論。

　　格蘭諾維特認為，弱連帶比強連帶有更好的資訊傳播效果，許多資訊傳遞的媒介甚至各類機會的推展，常常是透過那些「認識的人」（acquaintance）而不是朋友（friend）。因為強連帶網絡中的友人交流緊密，彼此享有的資訊高度重疊，侷限在相近的小團體內，對於資訊傳播反而產生排擠效應；弱連帶反而可以跨越更大的社會距離，得到更多的合作可能。

　　過分親近的強連帶關係，經常因為社交圈高度重疊，加上互動高度密集，若是在事業合作上有所齟齬，容易影響私人交誼，造成難以避免的尷尬處境；然而弱連帶關係因接觸機會較少，反而在資訊傳遞與事業合作上占據優勢。

　　因此，盡可能擴展弱連帶網絡，並適度利用強連帶來創造弱連帶（例如朋友的朋友、老師的其它學生……），就能讓你挖掘

出豐沛的人脈礦藏。

經濟命脈靠人氣

　　戰國末年的「亂世豪賈」呂不韋，自幼出身於衛國首都濮陽的經商世家，由於正逢亂世，為了保住萬金家業，呂不韋不得不拓展經商範圍到衛國之外。為了達到這個目的，他毅然離家前往趙國首都邯鄲，一個比濮陽還要繁華宏偉的都市，意欲尋求一個一本萬利的奇貨，期待能夠一舉致富。

　　皇天不負苦心人，這個「奇貨」果然讓呂不韋發現了，他就是秦國被送到趙國當人質的公子異人。當時由於秦趙交戰，趙國非常輕視異人，然而呂不韋卻用商人的眼光，看到了這名落魄王孫背後難以估計的價值。

　　回家後，呂不韋問父親：「耕田之利幾倍？」

　　父親回答：「十倍。」

　　呂不韋又問：「販賣珠玉之利幾倍？」

　　父親回答：「百倍。」

　　呂不韋又問：「若扶立一人為王，掌握山河，其利幾倍？」

　　父親笑答：「安得王而立之？氣力千萬倍，不可計矣！」

　　於是，呂不韋開始投資異人，首先送異人大把金錢，讓他廣結人脈，並把已懷孕的愛妾趙姬獻給異人；其次，攜帶大量財寶送異人回秦國，求見太子安國君十分寵愛的華陽夫人。由於華陽夫人膝下無子，呂不韋便施展口才，竭力說服她認異人為兒子，並要求安國君將之立為儲君。

西元前二一五年，安國君繼任國君，即秦孝文王。孝文王即位後一年即駕崩，由改名子楚的異人繼任國君，稱為秦莊襄王，趙姬封后，她當時腹中的兒子也立為太子。擁立國君居大功的呂不韋，不僅當上相國，封為文信侯，還享有藍田十二個縣的食邑。

然而子楚和其父一樣早逝，在位僅短短三年。他死後，政治實權就落入呂不韋和趙皇后之手，呂不韋自此以一名商賈身分而得天下。

正因呂不韋當初慧眼識奇貨，把人脈發掘為自身的經濟命脈，終於換得了無法估量的名利。為了成功提升自己的財運，必須不懈地尋找能對自己的經濟事業產生關鍵作用的人物，然而對人的投資比對物的投資來得更高風險，也更難掌握成敗。

重要的是，用心去經營自己的靠山，即有機會換來無盡的機遇和財富。如果當初呂不韋的「奇貨」只是普通的商品貨物，他仍然有可能富甲天下，但擁立國君而來的威名權力可能就付之闕如，這就是人脈的威力所在。

眾擎易舉，獨木難支

根據近代心理學與社會學研究，人際關係具有四大關鍵作用：

一、產生合力

「團結就是力量」已是亙古的老生常談，然其內蘊卻是不容否認。現代社會專業分化，單憑個人之力頗難有所作為；況

且單憑一人之力，得到的報酬往往也不見得與付出成比例，因而借助眾人之力才符合最大效益。

二、形成互補

「通才」難得，「專才」卻幾乎俯拾即是，因而專才之間的通力合作顯得十分重要。要成就事業，就必須善加借重他人的智力、能力與才幹，方可在一竅不通或能力不及的領域裡一掃障礙。

三、調節情感

人類是一種社會性動物，無法於人際網絡外而獨存，友誼的滋潤將賦予我們正面的情緒能量，進而提升工作效率。良好的人際關係可讓我們在成功時得到分享與提醒，挫折時得到傾聽和鼓舞，使心理狀態得到適度的平衡。

四、交流訊息

子曰：「獨學而無友，則孤陋而寡聞。」人際網絡就如同資訊網絡一般，可以無限擴充與延展，在個人能力無法企及的領域，假他人之手加以接觸與蒐集，增加個人的一手情報與知識財富。

沒有一個高手可以保證自己永遠強大，所以每個人都必須竭盡全力結交朋友，創建屬於自己堅不可摧的團體，或加入其它既有的團體，才能確保在激烈的商戰之中屹立不搖。

蘇洵〈六國論〉論述戰國時期六國喪秦的主因，開頭即破題點出：「六國破滅，非兵不利，戰不善，弊在賂秦……不賂者以賂者喪。蓋失強援，不能獨完。」

　　當面對強鄰秦國時，六個國家理應同舟共濟，戮力以赴；而非短視近利，只圖一己須臾的安穩，不為旁鄰著想，不替未來考量。蘇洵指出，齊國不若其它五國割地求和，自傷元氣，但最後卻依然逃不過滅國的命運，主因就在於「與嬴而不助五國」，其實趙的國力並不下於秦，與秦五度交戰，甚至得到三次勝利。況且當秦國攻伐趙國時，各國已相繼淪陷，秦國得以心無旁騖全力對付，趙國自此孤軍奮戰，直至彈盡援絕，滅亡也僅是早晚之別。

　　孫子兵法有云：「上兵伐謀，其次伐交。」所謂「伐交」是指敵隊國家和集團之間的外交戰，經由伐交可以產生三種作用：一、加強與鞏固自己的聯盟；二、分化敵人的聯盟，讓敵人的盟友轉為中立，甚至加入自己的行列；三、以利益衝突和關係離間，在敵人內部挑起爭端和競逐，無法全心團結。伐交，就是削弱敵人、壯大自己，使敵人不易勝我，卻讓我得以巧妙勝敵。

　　「伐交」的謀略若用於經濟活動，不能全盤照搬，應把帶有「挑撥離間」、「損人利己」等性質的內容拋開，而把「廣結善緣」、「化敵為友」、「建立廣泛的社群關係」等積極內容做確實的實踐。

　　商場與戰場雖有某種程度的類似，然而在戰場上「掠奪」是自我壯大的主要方式，商場上卻以「合作」為精要之道。朋友多，得到的援助多，獲取的訊息多，企業運行的通道也因此更多。

　　對於任何一個經商者，切忌唯利是圖，更忌清高孤傲。極少

成功的富人沒有良好的社會關係，也極少成功的富人總是獨來獨往。西門子公司總裁卡斯克就是深諳這項道理，他喜歡結交各式各樣不同專長的友人，其中一位物理學家運用他的強項，為西門子公司注入巨大的技術活力。在極短的期間內，卡斯克便借助朋友的力量，使西門子公司在電子領域的投資增加了三倍之多，大刀闊斧地解決了公司技術落後的困境。

征戰者必伐交，經商者須結交，多友則多助，多助則生財。

與人維持互惠互利的合作關係

致富的最終目的雖然在於不斷壯大自己，但也不能單顧自我發展，漠視他人利益。既然求財之路上會不斷與眾人交手合作，最終的利益就不會只有你獨享。真正的明智之舉就是互利互惠，如此一來獲取的利潤將勝過單槍匹馬的所得；即使為了顧全關係的和睦，必須被迫放棄些許機會，然而一旦放遠目光，將會發現「有捨才有得」，因為適度的捨棄，平衡了雙方的關係，避免激化更具傷害性的競爭，也保存了利潤的完整和日後合作的可能。

一九七七年四月，亞洲首富李嘉誠投資二點三億港元，以每股十二點四五港元的價格，收購了美國財團控制的香港永高公司股票一八四八萬股，成為全資公司。收購美資永高公司之後，李嘉誠開始把目標轉向在香港霸地為王的英資公司，第一個對象即是有「香港地王」之稱的「置地公司」。

當時九龍倉是香港最大的貨運港，與置地公司並稱為四大洋行之首的怡和控股之「兩翼」。李嘉誠發現，九龍倉的經營方式

存在著巨大的缺陷，於是決定收購九龍倉。當時的置地公司，擁有九龍倉近百分之二十的股權。

於是，李嘉誠採取分散戶頭暗購的方式，悄悄從散戶持有的九龍倉股中買下了兩千萬股，約占九龍倉總股數的百分之二十，成為當時的最大股東。隨著九龍倉股成交額與日俱增，幾經炒股，各大華資財團、英資財團和外資財團也紛紛加入，股價隨之飆升。

此時，為了避免損失和引起莊家反擊，李嘉誠明智地暫緩吸納。怡和察覺異狀之後，開始到市面上收購散戶所持的九龍倉股，但是以其現金儲備，仍不足以增購到絕對安全的數量。最後為保江山，只好求助英資財團的大靠山匯豐銀行。

李嘉誠審時度勢之後，認為不宜同時樹立怡和和匯豐兩大強敵，倘若如此，雙敵聯手，李嘉誠勢必居於劣勢，於是決定賣個人情給匯豐，就此鳴金收兵。

然而，李嘉誠也不會將到嘴的肥肉白白吐出。他打聽到「船王」包玉剛也在收購九龍倉股票，便將手中持有的一千萬股股票，以三億多港元的價格，轉讓給包玉剛；而包玉剛則協助李嘉誠從匯豐銀行承接和記黃埔的九千萬股股票。李嘉誠又將手頭剩餘的九龍倉股全部轉讓給包玉剛。

在這一來一往之間，李嘉誠獲得純利五千九百多萬港元，雖然把入主九龍倉的機會讓給了包玉剛，但卻同時一石三鳥：一、避開了與兩大勁敵正面對戰的危機；二、與包玉剛建立良好關係；三、獲得一筆為數不小的利益，堪稱商戰當中的上乘典範。

倘若李嘉誠當初一意孤行，堅奪九龍倉，可能就會在怡和與匯豐的聯手之下敗陣，金錢上的損失不說，商界的關係也因之破裂；然而因為他通曉大義、深謀遠慮，促成了利人利己的三贏結局。

商業活動的最終目的在於發展自己，但是棄人不顧的自我發展幾乎是不可能的。競爭只是企業活動一個最顯見的方面，但在檯面下起著關鍵作用的，仍然是互惠原則。此原則要求在市場交易活動中，正確地分析、評價自身的利益，並評價利益關係人的利益，對自己有利而對利益關係人不利的活動，由於不能得到對方的響應，因此很難繼續下去。企業本身是獨立的經濟實體，追求利潤本是理所當然的行為，只要在不損害他人的利益前提之下，有效的經濟活動就能夠蓬勃進展。

天下熙攘，利來利往

法國現實主義作家羅曼・羅蘭（Romain Rolland）曾言：「朋友是畢生難覓的一宗珍貴財富。」

創業者成功的重要因素之一，就是必須廣交善緣。時時左右逢源，自然也就恆久財源廣進。司馬遷《史記・貨殖列傳》曾言：「天下熙熙，皆為利來；天下攘攘，皆為利往。」天下芸芸眾生，無不為利益而勞心，為財富而奔命，只要找對了對象，與之相交共合，就有可能減輕勞心的分量和奔命的程度，讓彼此的求財腳步踏起來更為輕盈靈活。

那麼，這些人應該從哪裡找起才好呢？

一、政界官員

無論官職大小，只要處於與你耕耘的領域相關（例如從事環境工程建設業者與政府環境評估部門），就可以為你提供政府最新的政策情報，以便你制定長期或短期的經營策略，也可憑藉其對法規與命令的深層認識，讓你適度規避禁令、確保不入歧途，關鍵時刻還可幫忙疏通渠道，打通關係。

二、專家和教授

作為經營者，若對新技術、新產品一竅不通，則很難針對技術或產品的特性與優勢進行全面的規劃與推廣，自然容易在市場競爭中敗陣。如果多多結交專家學者，就可在面臨不熟悉的專業領域時覓得請教的對象，獲得有關的技術諮詢，成為必要時得力的智囊。

三、業務員

業務員通常是一個企業中擁有最廣泛與最具潛力的人際網絡者，認識一個業務員，可能等同於同時認識一個專家、兩個記者加上三個企業經理。他們是口才卓絕的「萬事通」，能夠助你了解許多最新的情報和訊息，有時候這些訊息只在「地下」流通，因而比任何檯面上的消息還要珍貴難得。

四、（潛在）大客戶

大客戶不只是已經成交的或既有的合作對象，只要是「潛在」（即尚未有合作關係但未來仍有合作可能者）的大客戶，例如擁有一定的資本額和人脈關係的客戶，就值得細心栽培與對方的聯繫互動。

五、材料供應商

材料供應商是商品生產的命脈。雖然市場經常在「買方市場」和「賣方市場」之間不規律地變換，材料供應商不會總是居於有利地位，但若與材料供應商維持良好關係，無論市場如何變動，都能夠協調出最適於雙方的有利價錢。

六、律師

法律雖為高門檻的專業領域，但每個人的日常生活都與法律息息相關。即使只是簡單的交易行為、交通事故，都牽連極多的法條，此時律師就成為極為重要的人脈。他們能為你調停，為你解憂，使你化險為夷，轉禍為福。他們能為你提供法律諮詢，使你不會因不慎觸法或利益糾紛而陷入危機。假使沒有這樣的資源，就必須以金錢交換，而律師的鐘點費卻往往令人咋舌！

七、競爭對手的職員

與敵手職員之間建立密切的關係，一方面可以獲得對方的重要情報，從而「知彼知己，百戰不殆」；一方面即使對方守口如瓶，不願出賣背叛，也可因領域相近之故，彼此交流資源或人才情報。

八、銀行要員

做生意就是與金錢打交道，與銀行的往來自然就像進出自家前院般必不可少。如果與銀行要員關係密切，當你急需資金之時，就有可能在不違反政策法令的前提下，請求他們給你最大的救助。

累積尋找出路的眼光

思路決定出路

中國知名的學者型企業家禹晉永曾說：「思路決定出路，觀念決定貧富。」

出路有時是隱而未現的存在，需要運用智慧才能披荊斬棘，撥雲見日；然而有時出路根本不存在，更需要運用智慧就勢取利，勇於拓展。

「出路」，到底是什麼？出路就是你下一個腳步需要踩踏的地方，就是能為你提供一份悠然的生活情趣，替你激發一種甘於奉獻的精神，讓你可以適情適性，自由邁開屬於你的舞姿之處。有時候我們覺得困頓挫折，昏天黑地，就是因為被束縛在狹小的現狀當中，找不到逃離的出口。

那麼，「出路」又應該在什麼樣的地方尋找？「出路」到底在哪裡呢？其實，出路就在自己的腦袋裡。出路的有無，要靠思考；出路的方向，要靠思考；出路通往的目的地，仍然要靠思考。只要思考足夠縝密，思維足夠靈活，就不會讓自己在原地掙扎，徒作困獸之鬥。

或許你有過這樣的經歷：畢業四五年後，參加老同學的聚會，大家論及彼此的現況，有的人高興，有的人傷心，高興的是經過幾年的奮鬥終於找到了自己的位置，終於有了富足的生活和滿意的工作；而傷心的是韶光荏苒，看到旁人都事業有成，自己卻依然碌碌無為……。究竟問題出在哪裡呢？

畢業，就像一座武館，到了一定階段就要讓門徒學成下山。但是下山的道路多而繁雜，於是許多人都像無頭蒼蠅般四下亂竄，有的繞了半天又回到原地，有的則盲目亂闖，卻到了讓自己無法學以致用的地方。

每個人都在尋找最適合、最滿意的工作作為出路，但是作為謀生的手段，有人計較太多，反而失去太多。意志堅定的人往往懂得靠自己去尋找出路，比如讓自己不斷適應新的環境、恆久堅守自己的目標、遇到阻礙也奮鬥不懈等等；智慧過人的人則更懂得靠自己去創造出路，比如把握天賜良機、冷靜分析形勢，因勢而謀、順勢而動，以便「好風憑借力，送我上青雲」……。

雄鷹展翅翱翔於寬廣的天際，魚兒恣意暢遊於清淺的溪底，黃鶯縱情高鳴於翠綠的枝頭，雲兒舒然漫卷於蔚藍的天空，馬兒率性馳騁於蔥綠的草原……，它們之所以能如此閒適悠然，皆因它們為自己選擇了合適的出路。倘若鳥學魚躍，魚羨鳥飛，柔和美好的自然將會變成一場惡夢。

在走投無路時開創出路

文王拘而演《周易》；仲尼厄而作《春秋》；屈原放逐，乃賦《離騷》；左丘失明，厥有《國語》；孫子臏腳，兵法修列；不韋遷蜀，世傳《呂覽》；韓非囚秦，《說難》《孤憤》；《詩》三百篇，大抵賢聖發憤之所為作也。「究天人之際，通古今之變，成一家之言」的中國史學鉅著《史記》，亦是出自因勸諫觸怒帝王，枉遭宮刑大辱的司馬遷之手。這些一流大家在走投無路

之際，選擇以論說著述作為出路，留下這些萬古流芳的傳世經典。

在走投無路時開創出路，正是所謂「山窮水盡疑無路，柳暗花明又一村」。誰說困頓時只有坐以待斃一種選擇？在人生的任何一個階段都必須不斷尋找出路，因為我們的步伐必須永不歇止；然而唯有跌倒後站起來的那一步，雖然搖搖欲墜，形貌狼狽，卻才是最值得喝采與紀念。

一九九八年，中國電視機產業還處在彩電價格的鏖戰中，一場場「屠戮」，一樁樁「死亡」事件接二連三地發生。這個時候，有的人正躲在陰暗的角落裡獨自面對戰敗的殘局，也有人正在觥籌交錯、笙歌鼎沸之中，發出勝利者的歡呼。但是只有一個人找到了中國家電業的「死因」，那就是國內整體企業面對的是相同的供應商、相同的晶片方案，同質競爭，因此只能陷入價格戰的僵局。很多中國企業總裁都不願意打價格戰，都希望透過差異化提升優勢，然而晶片技術掌握在外國業者手中，不掌握核心技術，只能默默地隨潮流擺佈。

這個人，就是「信芯之父」戰嘉瑾！

同時，周厚健和他的搭檔夏曉東也找到了中國家電業的關鍵難題。周厚健指出：「產品的同質化緣於技術的同質化，現在大家都在翻版國外產品，但是從晶片到CPU基本上都控制在美國人手裡，造成國內大量產出高度同質化的產品，所以利潤越來越低。技術差異是形成產品差異的根本因素。」

更重要的是，他們不僅看到了「死因」，同時也看到了「生

機」！他們知道，如果不掌握晶片技術，整個中國彩電業遲早會崩潰。機器的功能、性能、電路的程式和複雜程度，都建立在晶片之上，沒有自己的晶片就意味著決定不了功能、決定不了性能、決定不了電路程式，就等於你沒有決定產品的權力。

夏曉東當時擔任海信集團副總裁和技術中心主任，他前往美國與一家晶片設計公司洽談，希望和他們一起進行有關電視晶片的合作開發。當時，戰嘉瑾在美國工作了三個月，在這段時間之內慢慢累積對於電路設計的專業知識。

就這樣，經過三個人合作無間的努力，他們從一竅不通，直登世界第三，更讓中國日薄西山的彩電事業起死回生，找到出路，坐享高額的回款和可觀的利潤！

迂迴戰術另闢蹊徑

在提及「路」這個概念時，大多數人腦海中浮出的都是一條筆直的康莊，然而在經濟活動中卻有所謂「經商最忌直」的說法，「迂迴前進」不僅與浪費時間劃不上等號，而且往往才是得勝的關鍵。經營事業尋求的是不斷增加獲利，然而在激烈的競爭中可能有許多亟待克服的障礙，而且必須遇強則避、遇弱則攻來保全自己的能量，因此很少有經商者能從始至終直線發展。因此，迂迴前進是大多數經商者必備的共同特質，差別只在於採取的「迂迴」方式不同。

其實，由於商場中競合不定，對手更有取法之處，若是急於砍除對手，可能還會危及自己的利益，因此商戰中的目的常常並

不在於消滅競爭對手,而主要是使自己立於不敗之地,並求得更大的發展機會。所以,當你處在強大的競爭對手面前,可以採取如下所述的幾種迂迴取勝戰術:

一、另闢蹊徑

有言道「一山難容二虎」、「天無二日,民無二主」,自然界的運行規律讓「兩大」極難共處,因而應該極力避免與強大對手在同一地區、同一市場上展開競爭,而要另尋他途,求得發展。

美國矽谷專業公司是一個只有四百人的小公司,面對競爭力傲人的半導體器材公司,要想在其擅長的項目上一爭高低,無異於自尋死路。矽谷專業公司經理在確立行銷決策時,避開了對手的強項,抓住了美國「能源供應危機」中節油的情報,迅速設計出「燃料控制」專用矽片,供汽車製造業使用。結果,僅僅五年光景,該公司的年銷售額就由兩百萬美元增加到兩千萬美元,成本由每件二十五美元降到四美元。這家小小的矽谷專業公司在激烈的市場競爭中,闖出了自己的一片天。

又如,美國施樂公司在與3M公司競爭影印機市場時,不是在原有的濕法複印技術設備上與對手硬拚,而是研發出效果更好、使用更方便的乾式影印機,從而完全取代了3M公司的影印機市場。這種不採正面衝突的迂迴戰術,不僅省去了被攻擊得頭破血流的風險,還可能另抄捷徑,讓對手望塵莫及。

二、巧鑽縫隙

「巧鑽縫隙」，就是在既有的飽和市場中盡可能地發掘「真空地帶」，或是瞄準同行競爭項目的薄弱環節進行開發。

日本超人氣的丸井百貨公司（MARUI OIOI），三十年前在東京創立時，僅是個面積只有十三平方公尺的無名小店。一開始，他們也像其它老牌的百貨公司一樣，經營層面甚廣，但因缺乏特色，因此銷售成績一直不甚突出。

後來，他們逐漸改變經營策略，鎖定中等收入的階層為消費對象，主攻年輕人和新婚家庭兩個市場，並利用年輕人喜歡看電視體育節目的心理，在體育節目中反覆插播商品廣告，以刺激他們的消費欲望；同時，針對年輕人的消費心理和購買力，推出分期付款的機制，廣受年輕族群的好評，從而使丸井固定消費者的比重超過了百分之八十。今日，丸井已躋身於日本十大百貨公司之列。

再如，美國的米勒釀酒公司（Miller Brewing Company）在強手如林的啤酒大戰中，發現有許多消費者需要淡啤酒（酒精濃度低的啤酒），而這恰是其它大啤酒廠不屑一顧的產品。於是，米勒公司及時研製生產出淡啤酒，火速占領市場，在競爭中大獲全勝。

其次，則是巧鑽法律和政策的縫隙。

商業戰地並非完全競爭市場，無論是國內或國際交易，各國政府都會祭出法律或政策加以干預，以控制資本家的過分擴張，或保護本國企業。然而有的企業臨危不亂，巧妙地鑽外

國法律的縫隙，使自己的產品能在重重限制下打入國外市場。

例如，美國為了限制進口，保護本國工業，曾做出一項法律規定：「當美國購買人發出購物指標後，收到的美國製造商的商品報價單，即在法律上得到承認；收到外國公司的報價單，一律無條件提高百分之五十。」想藉此提高美國購買人選擇本國產品的機會。而在美國法律中，「本國產品」的定義是：「一件商品，美國製造的零件所含的價值，必須占此商品的百分之五十以上。」

針對這樣的政策限制，日本機械製造業立即想出一個妙招：他們生產了一種由二十種零件組成的商品，在本國生產十九種，缺少的那一件則在美國市場上購買最貴的運回日本，組裝後再送往美國銷售。這樣，一方面最大限度地利用了本國的零件和勞動力；另一方面，那「一」個零件因為價格昂貴，占整個商品價值的百分之五十以上，從而依據美國法律的定義，就可以作為美國國內的商品，直接和美國公司競爭。日本公司就這樣從美國法律的「空隙」中殺進了美國市場。

以迂為直就可以從無到有

在市場經濟的環境下，金錢是人們生存的物質條件之一。賺到更多的錢，就能夠大大提高人們的生活水準，進而改善生活品質，這當然是大多數人畢生最大的期望。但要怎麼做，才能用小

錢賺到大錢，尤其是在資本不豐的時候從無到有呢？或許很多人會覺得難如登天，其實，這只是因為人們習慣性的思維束縛了本身的智慧。在千變萬化的市場中，那種只有高度投入，才能高度回收的想法早已落伍，如果不能充分了解和把握市場風雲變幻的脈動，即使有大本錢也不一定能賺大錢，搞不好還會血本無歸。反之，如果你能掌握市場，抓住機遇，用奇招取勝，雖然本錢不大，但照樣可以賺大錢，重點就在於「以迂為直」，懂得通權達變，順應時勢。

美國加利福尼亞州薩克門托有一個青年，從事家庭用品的郵購生意。一開始，他在流行婦女雜誌刊載他的「一美元商品」廣告，刊登的廠商都是知名的大廠商，出售的產品皆相當實用，其中大約百分之二十的商品進貨價格超出一美元，百分之六十的進貨價格剛好是一美元，顯然他的商品比市面上的便宜許多。所以雜誌一刊登出來，訂購單就多得使他喘不過氣。

他的資金非常缺乏，而他採行的這種方法也不需要什麼資金，每當收到的客戶匯款，就用收來的錢去買貨。當然，隨著匯款越多，他的虧損便越多，但他也不是個做虧錢生意的笨蛋，當他郵寄商品給顧客時，他會隨包裹附上二十種三美元以上，一百美元以下的商品目錄和商品說明，以及一張空白匯款單。

這樣販售一美元商品雖然造成部分虧損，但是他的目的正在於以小額商品虧損，購買大量顧客的「安全感」和「信任度」，長久下來，顧客就會在第一次購買經驗成功的美好心情下向他購買較昂貴的東西，而且這些昂貴的商品不僅可以彌補一美元商品

的虧損，還能開創極大的利潤空間。就這樣，他的生意就像滾雪球一樣越做越大，一年之後，他成立了一家郵購公司。過了三年，他雇用了五十多個員工，光是一年的銷售額就多達五千萬美元。

他這種小餌釣大魚的方法效力驚人。他起初一無所有，可是自從開始做吃小虧賺大錢的生意後，不出幾年，就成功地創立了自己的公司，當時他不過二十九歲而已。如果他的思想僵固單一，一想到要做賠本生意就抗拒，也就不會有後來令人稱羨的成就。在市場競爭中，有些胸懷大略的投資者，為了實現目的，就會改採這種以迂為直的明智策略。

賺錢的道路總是曲折難行，有些企業經營者由於受到資金、設備、人才、技術等客觀條件的限制，不可能一下子就達到設定的目標；上述的例子告訴我們：起先沒本錢沒關係，可以先用別人的錢建立信譽，然後買空賣空，大獲成功。用小錢賺大錢的策略，若想不自囚於現實的限制，此時最重要又最常走的出路就是——「借」！

在商場上，許多商家都十分注意在「借」字上做文章，借環境、借聲勢、借機會，透過「借」這個手段，臻於事半功倍，穩操勝券的目的。市場行情瞬息萬變，經營環境日趨複雜，在這種情況下，小本生意的經營者更應善於「借」力制勝，並從多層次、全方位入手，仔細思索，利用一切可以利用的條件，就可以在現有的窄門外開出一片廣袤的天空。

他山之石可以攻錯

許多人對於「借」字總下意識地懷抱著反感；認為「拿人手短、吃人嘴軟」，彷彿從別人那裡獲取，就背負著某種程度的罪惡感。然而在商場中必須牢記的是：他人的物品在一定條件下可以為己所用。這些物品並不一定是實質的物件，如錢、技術或機具等；也可能是虛擬的條件，例如聲譽、權力、智慧等。

當自己有所欠缺時，坐以待斃或守株待兔自然都是最差勁的「死路」，若要選擇行動，「借」當然成為「出路」的首選。想要擴充自己的大腦，延伸自己的手腳，就要善借外力，才會成為贏家。

一、借雞生蛋

著名的「NIKE」公司的創辦人菲爾‧耐吉（Phil Knight）就是一個「借雞生蛋」高手。

國際市場是一個競爭白熱化的場域，稍有不慎就會虧損敗陣。因此，眾多國家，包括已開發國家在內，為了保護本國的弱勢產業，使它不致於被外來商品壓垮，都採取了高關稅的貿易壁壘，拒「外國貨」於國門之外。

NIKE 鞋本來就是一種偏高價位的消費品，如果再出口到別國，加上關稅，價格必然更為驚人。對那些廣大的未開發國家的消費者而言，它只是一種可望不可及的商品；許多仰慕「NIKE」的青年人，由於阮囊羞澀，也只能望鞋興嘆，「NIKE」也因此失去大部分的國際市場。

一九八一年十月，NIKE 跨出了國外聯營的第一步，和日商

岩井公司聯營的公司——NIKE日本公司正式成立。菲爾親自到日本出席開幕典禮，並發表了精采絕倫的演說。NIKE公司控制了新公司百分之五十的股權，並把日本橡膠公司原有的NIKE公司產品配銷權轉移到新公司門下。同時，又和日本橡膠公司聯合，讓日本橡膠公司用本公司的人力進行NIKE鞋的生產，產品則交由NIKE日本公司銷售。如此一來，NIKE很快就打入了日本市場。

用「借雞生蛋」法來避開重關稅，突破貿易壁壘是十分有效的。NIKE公司就這樣輕鬆地打開了一向緊閉的日本市場的大門。由於沒有關稅，而且勞力比美國更為廉價，NIKE產品的成本大大減少，因而在出售價格上，廣為大眾接受。加上NIKE產品本身的新穎性和高品質，銷量也因此大幅增長。「善借外力」使得NIKE公司成為當今世界體育用品市場上的大贏家。

二、借冕播譽

二十多年前，美國黑人化妝品市場被佛雷化妝品公司壟斷。草創不久的約翰遜化妝品公司因羽翼未豐、勢單力薄，在市場上乏人問津。後來，約翰遜想出了一招「借名營銷」的妙計，在產品廣告中採用這樣的宣傳：「當用過佛雷公司的產品化妝之後，再擦上一次約翰遜的粉質膏，將會產生意想不到的效果！」這種利用佛雷公司在黑人美容市場中既享的盛譽，以搭「順風車」的方式抬高自家產品身價的方式，果然讓原先相當冷門的約翰遜粉質膏，創下了驚人的銷售業績。

善用「借冕播譽」，確實不失為一種提高企業知名度的捷徑。

三、借力使力

三國時期，蜀吳聯手在赤壁打敗曹操之後，周瑜準備奪取南郡。劉備是時初試鋒芒，欲圖霸業，也想奪取南郡要塞。此時足智多謀的諸葛亮進獻一計，劉備便依計而行。

當周瑜為圖南郡前來漢江時，劉備設宴款待。席間，周瑜試探性地問劉備：「您移兵至此，是否有奪取南郡之意呢？」劉備說：「聽說都督（即周瑜）要取南郡，我們特地前來協助。如果都督不取，我們再取。」周瑜笑著說：「我們東吳早就想吞併漢江，現在南郡已在我們掌中，哪能不取呢？」劉備接著說：「勝敗難料，曹操敗走時，命令曹仁守南郡，肯定設下計謀，恐怕都督不一定取得了呢！」周瑜受激，狂言道：「如果我取不得，任您去取！」劉備得言，又緊逼一句：「現在子敬（魯肅）、孔明在此為證，都督此言可不能反悔。」周瑜又說：「大丈夫說話怎能反悔？」此時，諸葛亮乘機說道：「都督此話十分公道。現下就讓東吳去取，如果取不下，我們再取，又有何不可呢？」

周瑜和魯肅走後，劉備怕周瑜真的拿下南郡，甚為憂慮。諸葛亮說：「主公不必擔心，儘管讓周瑜與曹仁去廝殺，我早晚叫您在南郡城中高坐就是了。」

諸葛亮心中有數，他是先以激將法，藉周瑜之力與曹仁拚殺，讓雙方消耗力量，待雙方交戰疲困之際，蜀軍再乘機而

入，坐收漁翁之利。果然，周瑜與曹仁為了攻守南郡激烈交戰，吳將牛金、甘寧先後兵敗，周瑜也中了曹仁計謀，陣前中箭，險些身亡。後來周瑜又將計就計，以詐死騙曹軍劫寨，曹軍上當受騙，兵敗而走，其主力不敢再回南郡，轉投襄陽而去。

就在雙方激戰得不可開交之際，蜀軍就在一旁隔岸觀火，靜待良機。當周瑜歷經千驚萬險，趕走曹仁回來取南郡時，蜀將趙子龍依軍師諸葛亮的指示，早已取下南郡，站在城上對周瑜說：「都督切莫怪罪，因有言在先，我奉軍師將令，已取了南郡。」周瑜怒髮衝冠，率兵攻城，卻反遭蜀軍亂箭射回。

借力使力，可以是借助一個人或一群人之力，也可以是借助某種形勢或事件之便，節省自己親自出馬需要耗費的成本。沒有一個人能夠僅僅依靠自身的力量，不借助外界的力量即成就大業。

荀子‧〈勸學篇〉：「君子性非異也，善假於物也。」君子並沒有什麼特殊的本領，只是因為他善於借鑒外物的優勢，所以能夠培植出超乎凡人的品格與修養。「登高而招，臂非加長也，而見者遠；順風而呼，聲非加疾也，而聞者彰。假輿馬者，非利足也，而致千里；假舟楫者，非能水也，而絕江河。」這些都是「善假於物」的實例。善於憑藉和利用各種外部條件，可以從根本上轉化本身的劣勢或平庸，而收到意想不到的功效。

今日，在企業經營活動中，由於加入創業的門檻越來越低，

許多小資本家在技術、人才、資金、原料、地理條件、市場優勢等方面「先天不足」，又缺乏後天發育的條件。這樣的企業體質不良，自然不易在與大型公司的較勁中立於不敗之地，但若能具備「善假於物」的智慧，彌補本身的種種缺陷，就能使企業力量倍增，勢力健長，在借力的同時自我壯大，進而脫胎換骨。

高財生

1 透過角色換位，可以讓我們突破固有的思考習慣，解決常規性思維下難以解決的問題；也可以讓我們了解別人的心理需求，感受他人的情緒，進行有效率的溝通；更可以讓我們進行周全的服務定位，成功獲得市場的青睞。

2 若能巧妙運用應變能力，小則可以助我們脫險，在遇到不利的情勢時自我保全；大則可以讓我們反擊情勢，化險阻為康莊，化危機為轉機，讓外人眼中的「變局」鋪築自己的成功之道。

3 「人脈」就像現金一般，不但能產生利息，還能在需要的時候領出應急；但如果疏於照顧，卻會逐漸流失；而且較之金錢多了更多的不確定性。因此我們必須一面開發，一面維持，「人脈存摺」中的礦藏才能真正屬於我們。

4 出路有時是隱而未現的存在，需要運用智慧才能撥雲見日；有時出路根本不存在，更需要運用智慧就勢取利，勇於拓展。倘能靈活變通，利用一切可以利用的條件，就可以在現有的窄門外，開出一片廣袤的天空。

心法 3

要賺錢，就要有抱負胸襟

懷抱旺盛企圖

人窮不能志短，志短人必受窮

　　一個充滿強烈求富欲的人必須明白這一點：貧窮與富裕都絕非天生，而是可以經由後天改變。窮不可怕，可怕的是安於貧窮毫不思變，即使希望渺茫，若想告別當前的困頓，就要竭盡全力改變貧窮的現狀。你沒有別的選擇，只有憑著百折不撓的毅力去追求與創造，因為自己的財富必須靠自己努力開發，財富並不會從天上自動掉下來。

　　福勒是美國路易斯安那州一個黑人佃農七個孩子中的一個。他從五歲就開始工作，這一點都不稀奇，因為大多數佃農的孩子都很早就參與農務，而這些家庭的父母也認為，他們的貧窮是命中注定，是上帝的安排。所以，他們往往聽天由命，從未想過要

改變他們的貧窮現況，有的只是認分與接受，就目前的環境與條件盡可能地維持自己與親人的生存。

　　但福勒有一位特別的母親，因為她對「貧窮是上帝所安排的真理」產生了懷疑。她對兒子說：「福勒，我們不應該貧窮。我不願意聽到你說：『我們的貧窮是上帝的旨意』，我們的貧窮不是由於上帝的緣故，而是因為你的父親從來就沒有致富的念頭，我們從來就沒有過出人頭地的想法，更別提為了這樣的目的付出過什麼行動。所以，孩子，如果你想要脫離現狀，我相信靠你堅毅的雙手和聰慧的腦袋，一定也可以白手起家、出人頭地。」

　　這幾句話一直在福勒的腦海裡盤旋不去，在他小小的腦袋中逐漸發酵。這個觀念在福勒的心靈深處刻下了深深的烙印，以致於改變了他一生的方向。他不願父母再拖著老邁的軀體在田梗間勞苦奔波，也不願弟妹剛出生就注定與知識和享受絕緣，為了心愛家人的未來，他積極想走上致富之路，於是便開始了「空手套白狼」神話般的創業史，致富火花在他的腦海中於焉迸發。

　　他決定把經商作為致富的捷徑，他選定的經營項目是推銷肥皂。確立目標之後，他挨家挨戶推銷肥皂達十二年之久。後來他獲悉供應他肥皂的那家廠商即將拍賣出售，售價是十五萬美元。福勒想買下那家公司，但他沒有本錢。十二年零售肥皂的職涯之中，他只積攢了二點五萬美元。

　　此刻，福勒構思了一個相當具有冒險精神的「空手套白狼」計畫。他找到了這家公司的總裁並對他說，他打算買下這家公司，他先交了二點五萬美元作為保證金，然後十天內付清餘款十

二點五萬美元。如果十天之內他籌不齊這筆巨款，他的保證金將歸該公司所有。

　　於是福勒開始了緊張困難的籌款工作。他向親戚籌措，向銀行貸款，向高利貸業者貸款，向投資公司尋求援助。在第十天的前一晚，他總共籌集了十一點五萬美元，也就是說，還差一萬美元。

　　福勒事後回憶說：「當時，我已找遍了我所知道的一切資金來源。那時已是三更半夜，我在幽暗的房間裡，跪下來禱告，我祈求上帝領我去見一個能及時借給我一萬美元的人，否則我將落得一無所有。我自言自語地說：『我要驅車走遍六十一號大街，直到我在一棟商業大樓裡看到第一道亮光』」。

　　深夜十一點鐘，福勒驅車沿芝加哥六十一號大街駛去，他發現了那道亮光，並在那裡借到了一萬美元──他成功了。

企圖心創造財富

　　這是一個高度競爭的時代，天上絕對不會平白掉落餡餅，所有的成功都是個人奮鬥的結果。你能夠考上大學，是因為你「企圖」進入大學，並付出了苦讀的代價；你能夠致富，是因為你「企圖」獲取財富，並付出了奮鬥的代價。

　　旺盛的企圖心會幫助你以全新的視角，重新審視你的內在靈魂和欲望要求，包括你的工作、學習和生活，讓你積極描繪對於未來的藍圖；旺盛的企圖心猶如地心引力，一旦引燃，一切都會圍著你的明確目標而轉動。

　　五十多年前，艾德溫‧巴納斯（Edwin C. Barnes）在新澤西州的橘郡，從貨艙走下火車，形貌落魄、衣衫襤褸，宛如街頭流浪漢，然而他的「企圖心」卻堅而不摧。從鐵軌走向著名發明家愛迪生（Thomas Alva Edison）辦事處的路上，他不斷在腦海裡揣摩：他目睹自己站在愛迪生面前，他聽見自己請求愛迪生給他一個機會，實現他夢寐以求的致富夢想，成為這位偉大發明家的事業合夥人。當時的巴納斯，心裡只有一個念頭：「這一輩子我只有一件堅持要做的事，那就是跟愛迪生合夥做生意。」

　　巴納斯出身農家，家境清貧，學歷只有小學畢業。在一次偶然的機會下，他從報紙上看到了大發明家愛迪生的故事，於是萌發了要成為愛迪生合夥人的夢想，希望藉由自己的才能，將愛迪生的發明成果推廣到全世界，造福全球的每一個角落。

　　當他站在愛迪生面前，雖然外在狼狽，但是炯炯有神的雙眼中，卻閃著希望和自信的光芒。他以洪亮的嗓音開口說：「我從老遠的鄉下來到你的面前，並不只是為了來討生計，而是為了把你的發明成果推向世界，讓所有的人都能享受到你的發明帶來的幸福與光明。當然，我現在需要你收留我在你的工廠裡工作，我需要在你的身旁慢慢熟悉你的一切成果，但這將是我來到這裡的最終目的。」

　　倘若是一般短視近利的企業主，只會將巴納斯當成一個只圖餬口工作的求職者草草打發。但擁有識人之明的愛迪生，並沒有因為他不潔的外表而抹煞對他的觀感，而是從他的眼神和表情中，看出他是一個意志堅定、勇往直前的年輕人。他決定給予巴

納斯實現夢想的機會，同意他留在公司裡工作。

得到了這張入場券之後，巴納斯仍然不忘初衷，不僅積極學習來彌補先天學歷的不足，並且費心研究和熟悉愛迪生的所有發明。另一方面，他也不斷補充銷售推廣方面的知識。最初幾年，他的表現毫不起眼，但他並不急功近利，只是反覆地告訴自己：「我千里迢迢來到這裡，不是只為了做一個討口飯吃的工人，我是來做愛迪生的合夥人，這是我畢生唯一的目標！」

直到有一天，愛迪生發明了留聲機。因為留聲機形象笨重，剛推出時市場反應極度不佳。這時巴納斯積極爭取、毛遂自薦，他帶著留聲機四處推銷與宣傳，錄下各種語言並到處播放，讓許多人漸漸為留聲機神奇的功能產生興趣。掏錢購買的人越來越多，銷售量急遽升高，甚至到最後變得供不應求。

愛迪生對留聲機的成功推廣十分滿意，和巴納斯簽了合約，由他全權負責全國及出口的行銷事宜。正因巴納斯堅持成為愛迪生合夥人的強烈企圖心，破釜沉舟、義無反顧的精神，把他最初堅持的渴望，變成了真正的現實。

提升企圖心，等於提升成功的機率

人們幻想能長出翅膀，於是便有了飛機；人們幻想星河旅行，於是便有了衛星。人們幻想千里眼，順風耳，於是有了望遠鏡、有了電話機，這些改變人類命運的重大事件無不起源於人最初的企圖心。沒有這些企圖心，人類的生活品質就會處於停滯，沒有機會體驗與嘗試新科技的滋味。人類的進步、科技的發展，

無不以這種看來遠離現實的企圖心做基礎。

　　縮小到個人層次更是如此。影響全人類的作為難度太高，尚且有許多天才科學家為我們打造了晶瑩的神話，影響個人的作為又豈能輕易放棄？一個人如果企圖心大而強烈，未來的成就將會難以估計；如果企圖心小而微弱，成功的可能也將遭到壓抑。

　　企圖心是美好而強大的人類意識，它絕非單純空泛的情緒反應，而是能夠左右行為的內在能量。

　　位於美國中西部威斯康辛州的新里斯，本是個僅有一千五百位居民的小鎮，荒涼偏遠並且默默無聞。終於，一位電腦奇才的誕生，讓這座無名小鎮的名字頓時響遍國際，他便是年僅二十五歲的軟體大師馬克·安德森（Mark Anderson）。

　　馬克·安德森原先只是伊利諾斯大學裡，一名主修電腦科學的大學生。西元一九九三年，他因為希望檔案傳輸的便捷能夠讓更多人蒙受其惠，於是開發出第一個可以顯示圖片的瀏覽器——Mosaic，透過簡易的圖形介面操作，造福許多不懂電腦的大眾，全球使用者一路暴增至百萬人。

　　畢業後，安德森被SGI（Silicon Graphic）的創始人吉姆·克拉克（Jim Clark）找上，他十分欣賞安德森對瀏覽器的狂熱，並且請他將當初參與開發Mosaic的夥伴重新集結起來。然而，Mosaic畢竟是伊利諾斯大學的產物，無法轉讓。在眾人的努力之下，他們又開始共同著手編寫新型的瀏覽器Navigator，提供所有用戶免費下載使用，並於一九九四年成立「網景通訊公司」（Netscape Communication Corporation）沿用至今。

　　一年半之後，Navigator 的用戶超過六千五百萬人。馬克‧安德森成功跳脫過去多媒體僅侷限於極少數專業人士的範疇，用新生代的思維為網際網路灌注一股清泉，為千千萬萬的民眾敞開了進入五花八門網路世界的大門，成為電腦界至今仍稱羨不已的傳奇。

　　安德森最初的企圖，就是這種利用自身專業技術，造福世界的冀想。因為這種力量的無窮揮發，所以讓企圖不再只是企圖。企圖是實現夢想的敲門磚，更是締造傳奇的墊腳石。

夢想是財富的起始點

　　美國成功學的奠基人拿破崙‧希爾（Napolean Hill）曾經說過：「我們要用強烈的成功意念去『磁化』（magnetize）我們的大腦。這一磁化過程，能幫助我們吸引周圍更多的人和物，並用這一強大的助力去完成大業。」

　　心靈力量已被越來越多的科學家所證實，其夢想理論已超越了機械唯物主義，闖入愛因斯坦相對論「質能互變」的領域，融進了量子力學「無中生有」的統一境界。心靈力量的發揮，已經被眾多的致富實踐者接受，並切實地創造出令人矚目的成就。

　　夢想能量就是財富的種子，財富即是夢想能量的果實。

　　為什麼財富根源於「夢想」？拿破崙‧希爾對這個問題的答案，在這個致富主義盛行的年代裡，有著原子彈爆炸般的威力。他說：「夢想並非虛空，夢想就是實物。當你有固定的目標，以不移的毅力和熾熱的願望去追求財富，你的夢想就會轉化成實

Reach the riches

質。」

大詩人亨雷（Henley）曾經說過：「我是自己命運的主宰，我是自己靈魂的舵手。」這句話正為前述做了一個重要註腳：意識的力量無窮無盡，當我們學會控制自己的意識，就學到了如何掌握生命的節奏——而財富就是生命之歌中最為優美的樂章之一。

細數歷代知名富戶，無疑都是統馭無形力量的能手，他們善於讓未成形的機會現身，並且加以有效運用，將這些思想的驅動力一手轉化成摩天大樓、工廠、汽車，以及種種使生活更加繽紛的實際物件。

當汽車大王亨利・福特（Henry Ford）決心著手製造 V8 型汽車時，他要求工程師在一個引擎上鑄造八個完整的汽缸。

「但是，」他那班目瞪口呆的工程師異口同聲地說：「這是不可能的事啊！」

「儘管大膽去做。」福特命令道：「不管花費多長時間，不管花費多少金錢，你們都要把這個任務研發完成。」

因為他們都不願意失業，這班工程師別無選擇，只好硬著頭皮照著老闆的命令去做。然而，六個月過去了，計畫依然一無進展。因為他們始終抱持著這樣消極的念頭——這是一件不可能的事。到了年底，福特親自前往核查計畫的進展，工程師們老老實實地告訴他，這項計畫確實無法完成。

「只管放手去做，」福特不慍不火地說：「我就是需要這種車子，我一定要得到它！」

受雇於人的工程師無可奈何，只好設法再作更進一步的研究。過了一段時間，這群工程師好像被一股神秘的力量「擊中」般，終於找到了製造這種 V8 型汽車的關鍵竅門。

這是福特一生許多「不可能完成的計畫」中的一個成功例子。

是什麼令 V8 型汽車「從無到有」？是什麼令「不可能」的計畫驚奇成功？那就是亨利‧福特意念的力量！正如機會只降臨給準備好的人，成功也只產生在那些富有成功意識的人身上。失敗根源於那些不自覺地讓自己產生失敗意識的人，例如消極度日、輕言放棄等負面的特質，都會把成功驅逐得越來越遠。

改造命運，自我致富，不為「不可能」所擊倒，不受大眾意識所牽制，就能從夢想的起始點，踏著穩健的步伐，往實踐的盡頭邁進。

如果你已經擁有了強烈的創富意識，但是由於種種原因現在仍然沒有成功，仍然沒有得到財神的青睞，那麼千萬不要氣餒！因為夢想的力量，只是燃油，除此之外，你還要有精良的機器，經久耐用的車廂，優良的方向盤與高超的駕駛技術，才足以讓你的致富列車開始運轉前進。

Reach the riches

確立目標焦點

目標是可見的射擊靶

欲望的實現往往與目標的設定成正比。欲望越強烈,目標的選擇就應該越清晰具體,兩相結合之下,才能形成一股不可遏止的力量,引領著我們衝向終點。

成功學非常重視目標的作用。由拿破崙·希爾提出的「十七條成功金律」,列居首位的即是「確立目標」。確立目標是採取行動不可或缺的前奏,它既孕育了行動的根本,也指引了行動的可能。

許多成功的富豪都非常重視目標的巨大動能,他們若非比別人更早決定目標,就是比別人更專注與積極地向目標奔馳,漫無目的、三心二意的人,不可能在歷史的長流下踏出深刻的足跡。

法國知名作家大仲馬(Dumas)說:「人生沒有目標,就像航海沒有指南針。」航海沒有指南針,將永遠不可能完美載運乘客或貨物的工作,而且會在巨浪之間無助飄搖,耗損許多資源與精力。因此,任何想要取得成功的人,永遠逃不開制定目標這個步驟。

目標在創造財富優勢方面有著舉足輕重的地位:

一、目標能使我們工作得更有價值。

根據經典管理定律「不值得定律」(Gordon's First Law),個人認為不值得做的事情,就不值得做好。因此人們處事的態度方式,主要取決於他們怎樣看待自己的目標。當人們覺得自己的目標並不重要時,他們就會喪失實踐的動力;反之,

如果他們覺得自己的目標擁有無可取代的價值，就會願意付出更多，以求目標達到圓滿。因此，目標的設定不能無的放矢，而必須經過深思熟慮，並且契合自身的理想，才不會浪費工作的心神。

二、目標有助於我們安排事情的輕重緩急。

人們的日常雜務極其浩繁，無論是學習、工作、日常生活，每個方面都有無數亟待處理的要務。立定目標的一大好處，就是有助於人們安排工作的輕重緩急。舉例而言，倘若明天貴客將至，第一個要打掃的必然是客廳，而不會將今晚的時間都花在清除房間天花板牆角的蜘蛛網。沒有目標，人們很容易成為瑣事的奴隸。「智慧就是懂得忽視的藝術」，而制定目標恰好能讓我們嫻熟這門藝術。

三、目標能激發我們的創富潛能。

許多年前，某報曾作過一篇三百條鯨魚突然死亡的報導。這些鯨魚在追逐沙丁魚的過程中，不知不覺被困在一個海灣裡，因為時間過長而終至死亡。雖然這是一齣悲劇，但也顯示即使是非常細微的目標，都足以激發巨大的力量去追逐與爭取。一條從高空俯衝而下的瀑布，其水力必然比分岔成許多支流的瀑布來得驚人。「用志不分，乃凝於神」，遠大的創富目標能夠助你集中精力，在紛亂迷茫的前方為你抹出一塊清晰的明鏡，映射著未來的圖像。

四、目標能讓我們抓住與把握機會。

先有目標，當有機會光顧時，我們才得以分辨。英國科學家

牛頓（Newton），因為心裡有探索科學的目標，所以當蘋果落下，才能發現地心引力的存在。若是一般人看見蘋果落下，甚至被蘋果砸中，只會當成自然現象，甚至因為疼痛而開口咒罵。希臘數學家阿基米德（Archimedes）為了測定皇冠的含金程度，又被限制不能破壞皇冠，終於在某日洗澡的時候悟出浮力原理。同樣的現象不知多少人也接觸過，卻都沒有這樣的靈感和發現，問題就是出在目標的有無之故。

五、目標能提高團體的熱情。

難以否認，許多團體最能展現團隊精神的時候，正在於參加團體競賽或表演的時候。在登台前一連串的排練過程，正是全體為了達成同一個目標付出努力的過程，大家齊心協力、攜手共進，彼此的感情也因此得到滑潤與提升。倘若在平時，大家其心各異，為了各自的前途打算，團體的熱忱也因此較為薄弱。一個機構裡的員工，若心中擁有明確的目標，大家就會士氣勃發，熱情高漲，而不會抱著得過且過、徒領乾薪的消極態度，做起事來當然會更有活力。

六、目標提供我們自我評估的根據。

失敗者有個共同的毛病：他們極少評估自己目前的進展，不明白自我評估的重要性。目標提供了一種自我評估的根據，如果你的目標足夠具體，就可以藉此衡量自己距離最終目標還有多遠？以目前的速度是否能如期完成？……有了目標，我們就不會暈頭轉向，而且還可以從中檢視自己的進度，讓自己的表現越來越出色。

目標激發無窮潛力

當你為自己定下目標之後，它就會漸漸發酵，變成你努力的依據，同時也對你進行鞭策。以下舉個真實的例子，說明一個人若看不到自己的目標，會有怎樣的結果：

一九五二年七月四日清晨，加利福尼亞海岸籠罩在深深的濃霧當中，在海岸以西二十一英里的卡塔林納島上，三十四歲的游泳女將弗羅倫絲・查德威克（Florence Cadwick）預計要從這裡游到加州海岸。

那天早晨，海水凍得她身體發麻，漫天大霧，讓她幾乎連護送她的船都看不到。時間一分一秒過去了，透過電視、圍聚現場關注越洋行動的人越來越多。在這類越洋活動中，困擾她的最大問題不是疲勞，而是冰冷刺骨的水溫。

十五個鐘頭之後，查德威克已經凍得全身發麻，覺得自己不能再游了，於是請人拉她上船。她的母親和教練在另一條船上，不斷鼓勵她海岸就近在咫尺，只要堅持下去就可以抵達終點。但她朝加州海岸的方向望去，除了濃霧什麼也看不到。她便絕望地搖搖頭說：「我沒有能力游到對岸了，請把我拉上岸去吧！」

教練只好把查德威克抬上船，讓她好好休養。幾個鐘頭之後，她漸漸覺得暖和多了，這時卻開始感受到失敗的打擊。事後她對記者說：「我不是為自己找藉口，但如果不是大霧讓我看不見陸地，也許我就能堅持下去。」

人們拉她上船的地點，其實距離加州海岸只有半英里！令她半途而廢的不是疲勞，也不是冰冷的海水，而是她在濃霧中看不

到目標。弗羅倫絲‧查德威克一生中就只有這一次沒有堅持到底。

　　即使是致富天才也需要看見目標，如此才能有更多的力量及衝勁來實現自己的致富夢想。可見，「目標」對於人們規劃自己的事業藍圖具有多麼重要的意義。

　　一個人的精力總是有限，因而我們必須善用這些彌足珍貴的資源，集中精力，全力以赴地用它來成全既定目標。力量宜聚不宜散，正如溫暖宜人的陽光，用凸透鏡把太陽光聚集起來，卻可以輕易地燃起火焰。同理，把人類的精力集中起來，就能激發其財商潛能，綻放如火焰般耀眼的能量。

　　威廉‧詹姆士說：「即使是最弱小的人，如果他能把精力集中在一件事上，他也一定會取得非凡的成就。」

讓目標「分步走」

　　偉大的文學家歌德說：「每走一步都是在走向終極目標，這還不夠；應該把每一步當成一個目標，讓每一步都自有價值。」讓目標「分步走」，就是將目標分解，執行階段目標。把目標分成許多階段來實施有其必要，否則在致富的過程中，你往往會因為目標的遙遙無期而產生悲觀失望的情緒，甚至因而半途而廢、前功盡棄。假如把通往終極目標的路程分成階段目標的話，每一階段目標的實現都會使你增加一分成就感，讓你覺得致富的過程充滿樂趣。

　　西華‧萊德先生是個著名的作家兼戰地記者，他在回憶二次

大戰對他最有影響的一句話時說：「繼續走下一英里路。」

　　二次大戰期間，西華‧萊德在執行某次任務的過程中，不得不跟幾個人從一架破損的運輸機上跳傘逃生，結果迫降在緬印交界處的樹林裡。當時的他唯一能做的，就是拖著沉重的步伐往印度走，全程達一百四十英里，而且必須在八月的酷熱和季風所帶來的暴雨侵襲下，翻山越嶺進行長途跋涉。

　　他們才走了一個小時，萊德一隻長統靴的鞋釘，就扎進了另一隻腳，傍晚時雙腳都起了血泡，每踏一步都是錐心之痛。別人的情況也沒比萊德好到哪裡去。為了鼓舞大家的勇氣和鬥志，其中一名老兵告訴他們，不要想著路程還有多長，只要想著馬上就要走完下一英里就好了。為了在晚上找個地方休息，他們別無選擇，只好硬著頭皮走完下一英里路，但這個辦法的確讓他們無形中對未來充滿了希望，每走完一英里就多了一分勇氣，最後終於成功地找到了補給站。

　　「繼續走下一英里路」的原則，不僅對西華‧萊德很有用，當然對想致富的你同樣有效。

　　按部就班地做下去是實現任何目標的聰明做法，就像最好的戒煙方法就是「再撐一小時」。想從煙盒裡掏煙的時候先看看手錶，對自己說「再撐一小時」，一小時到了時再重複同樣一句話，每熬過一個小時的煙癮折磨，就代表自己往成功之路近上幾分。這個方法並不是要求抽煙的人下決心永遠不抽，只是要他們決心不在「下個小時」抽煙而已。當不抽煙的週期慢慢拉長時，最終就有完全戒除的一天。那些一下子就想戒除的人一定會失

敗，因為心理預設的困難度讓他們容易棄械投降——一小時的忍受很容易，可是永遠不抽那就難了。

因此，無論你目前與目標之間的距離有多麼遙遠，都不要因此而擔心，只要你將遙遠的目標分割成為一個又一個階段目標，並將眼光放在離你最近的目標上，逐一攻破，成功就會在前方向你揮手。

缺乏目標如同無頭蒼蠅

曾有這樣一個年輕人，他以優異的成績從一所明星大學畢業後，進入一家工程公司上班。由於資質聰穎、精明能幹，他以極快的速度獲得拔擢，升為部門經理。隨著交際面的拓展，他涉足了其它一些領域後，發現電器業有利可圖，就在業餘時間和幾個朋友合夥創立電器公司，小賺一筆。嚐到甜頭的他又看上了藥材生意，幾年後，他已經換了好幾個行業，可是，他越來越覺得力不從心，想從這個行業撤出又覺得不捨，久而久之，手頭上的幾個業務一個接著一個溜走。工程公司的總經理也越來越對他產生了不信任感，最後，他不得不辭職離開。

「我現在才明白，我再也不該叨念要做多少多少事情了，我只需要從一件做起，全心朝一個目標努力就夠。」

經過周密的考慮後，他終於發覺唯一的出路是重新調整目標，於是他選擇了房地產業。熬過了一段艱苦的創業歲月後，他終於憑藉著自身的能力東山再起，成為一位傑出的房地產企業家。

　　如果你經常在致富的過程中變換目標，那麼你的奮鬥永遠不會開始，堆砌的成功也永遠不會到來。許多人生目標都是毫無交集的幾條路，想要轉換跑道，勢必從眼前這條路退出，重新在另外一條起步。實現目標就像堆砌一座城堡，唯一擁有的地盤就在你的腳下；如果想要改立另外一種寶塔，就必須把蓋好的地基盡數拆除。如此一來一往，循環反覆，進度永遠保持在零。

　　當然，人各有志，在不同社會、不同背景、不同時期，人的志向必然會發生變化。然而，目標的確立必須越早越好，在人生的競技場上，沒有確立目標，並不容易得到成功。這道理很簡單，正如一位百發百中的神射手，如果他漫無目標地發射，恐怕連半支射中紅心的箭都沒有。

　　猶太人因民族特性與環境因素，普遍都能從小懷志，確立自己未來的走向。正因如此，很多猶太人能集中人生有限的光陰和力量去攻克目的，成功的機率也更為亮眼。

　　猶太人大衛・布朗是一位英國商人，出生於一九○四年。他的父親經營一間小型齒輪製造廠，幾十年來生意一直十分慘淡，收入只夠支付一家大小的生活開支。儘管如此，布朗的父親還是積極地栽培兒子，嚴格要求他在校勤於學習，每逢假日則規定他到齒輪廠工作，跟著工廠裡的工人們一起辛苦勞動。

　　布朗在工廠裡經過一段時間的歷練後，逐漸養成艱苦奮鬥的精神，熟悉了工業技術的知識，形塑了自己的人生奮鬥目標。而他的奮鬥目標，並不在於齒輪廠方面，而是想利用自己在齒輪業務方面累積的經驗生產賽車。透過觀察，他發現當代人的汽車使

用率已相當普及，預感汽車大賽將會成為人們新的娛樂方式。

就這樣，他克服了重重困難，成立了大衛‧布朗公司。他不惜投入巨資，聘請專家和技術人員來設計，採用先進技術設備生產賽車。一九四八年在比利時舉辦的國際汽車大賽中，布朗生產的「馬丁」牌賽車勇奪冠軍，大衛‧布朗公司因此一舉成名，訂單如雪片般飛來，布朗從此走上發跡之路。

猶太人從商，注重確立人生奮鬥目標，然後全力以赴終至成功。猶太人在確立目標中還注意到要切合個人實際條件和環境，不會把自己的奮鬥目標確立在遙不可及的位置上。因為有的人雖然志比天高，卻偏離現實太遠，雖有心執行卻力不從心，最終還是會以失敗告終。

三洋電機公司的創始人井植幾男，當初他把新公司取名為「三洋」的理由，就是基於他的目標：「我認為公司的名字越大越好，就像能賣到太平洋、大西洋、印度洋等各大洋國家一樣，所以我要把它命名為『三洋』。」

在他創業時的發表的第一段談話中，他也曾說過：「今天三洋電機公司就要創業了，我們的總人數雖然只有二十人，可是我們的前途卻像大洋一般宏大，我們在這裡所製造的腳踏車自動發電燈，不久的將來可以賣出兩百萬個，不！現在世界人口有二十七億，其中使用腳踏車的人大約有十億人口，這十億人口的一半，也就是五億人，我們的目標就是讓他們使用本公司出產的燈吧！」

如同這個充滿豪情壯志的宣言一般，三洋電機最初資金只有

一百二十萬日圓，總人數只有二十名，但不久就成長得像浩瀚大海一般，在激烈的家電業競爭中揚帆遠航。

目標是致富的前提

　　目標是致富的前提，目標正確，就是成功的開端；目標錯誤，成功就無從談起，甚至把人導向失敗。所以，中外成功學都強調，走向成功致富的第一步就是制定「明確」且「正確」的目標，這是一個看似簡單實際上卻十分複雜的問題，你必須搞清楚你想要得到什麼，你有沒有條件得到？你有沒有必要得到？得到與付出的比例如何？……

　　人並不該因為自己是什麼而想成為什麼，而是因為想成為什麼而是什麼，你把自己想像成什麼樣的人，才有可能成為什麼樣的人。沒有夢想的人，生活或事業就缺少了最重要的原動力，成功也就因此希望渺茫。

　　作家喬治・巴納（George Barna）說：「宏願是在心中浮現的未來事物，可能或者應該是什麼樣子的圖畫。」

　　宏願就是認識到什麼是自己的遠大目標，什麼是屬於自己的願望，召喚我們內心的衝動，召喚我們從一個成就走向另一個成就，讓我們永不滿足，跳向更高、更美、更令人嚮往的境界。

　　偉大的目標可以產生偉大的動力，偉大的動力導致偉大的行動，偉大的行動必然會成就偉大的事業。正如俄國著名作家高爾基（Gorky）所說：「目標越遠大，人的進步越大。」一個不想當元帥的士兵，不僅永遠不可能當上元帥，甚至連一個好士兵都

當不成，除非他的目標就是把士兵這個身分做到盡善盡美。

有一個農夫意外地撿到一顆老鷹的蛋，他把這顆蛋和一些鳩蛋一起放進一隻母鳩的巢裡，讓這顆蛋孵出了一隻小鷹。小鷹長大後，行為舉止跟其牠的鳩一樣，發出咯咯的叫聲，只在低空飛上幾公尺的短距，也像鳩一樣，只吃在地上覓得的種子和昆蟲。

如果鳩把自己當成鷹，是否就能沖上九霄，這點沒有人敢證實；得以證實的是，當鷹把自己當成鳩，他就喪失了傲嘯天際的本能。在立定目標的時候，必須要把眼光放遠，企圖超越既有的本質；而非甘於現狀，讓自己連原有的潛力都遭到抹煞。

珍惜既有成果

保護自己賺來的每分錢

根據《孫子兵法》，戰爭中絕不能缺少「尺」與「秤」。比如，事先要測量戰場的大小、廣狹、遠近、距離等，然後計算到底要投入多少物資，考慮到底要出動多少兵力，再比較敵我雙方兵力的強弱、人數的多寡等。測量、觀察越是詳細，獲得的結果則越可靠，雙方的勝負也不言可喻。戰場乃死生之地，怎麼能不錙銖必較、審慎為上呢？

如果把戰勝之軍與戰敗之軍放在天秤上，顯然較重的一邊占有較多優勢，擁有較大勝算。軍隊作戰之前，雙方必須先秤計一

下敵我的分量如何，對戰爭的結局才能稍有概念，不致做出虛擲資源的決策。

　　戰爭之上如此，做生意更是一門嚴謹的科學，其活動的整個過程都貫穿著經濟核算工作，「尺」與「秤」的衡量不可或缺。

　　商場之上，凡事都要做到「數中有術，術中有數」的境界，要用「尺」與「秤」徹底釐清數字的大小與真偽，以便在分析關係的時刻，計算出準確的依據，從中尋得有效的對策和方法。比如制訂商品價格，絕非漫天喊價，而必須從一系列的數量關係中制定最合適的數字：產品的出廠成本是多少、包裝費是多少、產品從原料投入到製成成品，直至回收貨款共需要多長週期……等，從而計算出每單位投入所占的利息是多少。如此等等，都要通過「尺」和「秤」的精密估量，這件工作雖然複雜，卻絕對值得一做，因為這些工作可以確保你不會損失一分一毫。

　　十九世紀石油巨頭成千上萬，最後只有洛克菲勒獨領風騷，其成功絕非偶然。有關專家在分析他的創富之道時發現，「精打細算」是他取得成就的主要原因。

　　洛克菲勒在自己的公司中，非常注重成本節約，連提煉每加侖原油的成本也要計算到小數點第三位。為此，他每天早上一上班，就要求公司各部門送上一份淨值報表。經過多年的商業洗禮，洛克菲勒能夠確實地查閱呈報上來的成本開支、銷售以及損益等各項數字，並能從中發現問題，以此考核每個部門的工作。

　　一八七九年，他寫信給一個煉油廠的經理質問：「為什麼你們提煉一加侖原油要花一分八厘二毫，而東部的一個煉油廠做同

樣的工作卻只要九厘一毫？」不僅如此，就連價值極微的油桶塞子他也毫不輕忽。他曾寫過這樣的信：「上個月你們油廠匯報手頭有一千一百一十九個塞子，本月初給你們送去一萬個，本月你們使用九千五百二十七個，現在出爐的報告卻說剩餘九百一十二個，那麼其它六百八十個塞子哪裡去了？」

洛克菲勒洞察入微，刨根究底，不容下屬打半點馬虎眼。正如後人對他的評價，洛克菲勒是統計分析、成本會計和單位計價的一名先驅。

洛克菲勒曾就降低製造石油成本一事說過：「標準石油公司必須永遠自知它是在為窮人煉油」，因而必須保證貧窮大眾可以買到物美價廉的商品。為了節約費用，洛克菲勒標準公司在客觀條件允許的範圍內，盡可能實現自給自足，不讓任何人在公司能夠自行生產的每個項目上賺走一分錢。一言以蔽之，這就是標準石油公司的做法，後來成為二十世紀許多公司爭相效法的楷模。

在這種方針的指導之下，標準公司自行生產油桶，在每個桶上節省一美元；洛克菲勒年復一年地投資，並全力以赴親自指導經營，從而製造出公司自用的儲油車廂，供予鐵路使用，使運輸效率提高，防止石油滲漏。這種在裝貨臺上安著兩個巨型木桶的原始油車，有效地利用了貨車載運的空間，便是洛克菲勒智慧的結晶。

許多人賺到的錢要比夢想中的還多，可是他們的財務壓力卻遠比過去更大。為什麼？道理很簡單：絕大多數人賺到更多的錢以後便花得更多。在積蓄尚少時，有許多開銷往往會能省則省，

或是購買價格較為低廉者作為頂替；然而隨著財富的累積，以前買不起的東西讓人躍躍欲試：一座更大的房子、一部更高級的汽車、安排更豪華的假期、穿更昂貴的服飾、去更精緻的餐廳……。於是，錢賺得多，最後留在身邊的卻不一定多。

別把小錢不當錢

賺錢往往比守錢容易。有些人對金錢的理解是：「這是我憑藉雙手，腳踏實地掙得的報酬，所以應該任由我恣意支配。」的確如此，然而財富卻也是不花心思便很難賺得、不動腦子便很快花光的物質。我們不需要把錢財看得過分重要，但也不該不當地忽視錢財。

一九四六年十一月五日，正是卡內基的著作《影響力的本質》出版八周年的紀念日。也就在這一天，五十六歲的卡內基同桃樂絲小姐結為伉儷。

這一天，他們在婚後的第一個假日裡，雙雙前往商場購物。他們夫婦倆每人帶了一千美元。卡內基帶的是一張五百元鈔票和五張一百元鈔票，桃樂絲則帶了十張一百元鈔票。

商場裡的商品琳琅滿目，應有盡有。卡內基和桃樂絲分頭選購他們喜愛的東西，當他們再度會合時，卡內基告訴她說：「噢，親愛的，我已經用光五百元了。」

「讓我看看我還有多少。」桃樂絲低頭察看她的小皮包，發現只剩下兩張百元鈔和十幾元零錢了，不由得驚呼：「天啊，我已經花了差不多八百元了！」

從這次購物的經歷中，卡內基得出了一個結論，他說：「當我們用掉一張五百元鈔的時候，會覺得自己花掉了一大筆錢：但用去一張百元鈔時的感受卻只是用去一筆金額不大的錢，直到花掉了五張百元鈔，也還沒有花去大錢的感覺。於是，一張張百元鈔從錢包裡不痛不癢地流失，等到開始警覺卻已抓不回來。因此，假如你想省錢的話，使用較大面額的鈔票效果要好得多。」

事實上，若干個「低額」固然可以組成「高額」，但在心理感覺上卻大有不同。就像如果你必須耗費一整天的週末去上課，會覺得這似乎占用了極多的學習時間；然而若那個週末你一邊唸書，一邊偷閒覓食、聊天、玩遊戲，零碎的時間浪費卻會讓你毫無所覺。卡內基舉例，有一位精明的商店老闆，正是巧妙地利用消費者的這種心理特徵海撈一筆。

這位老闆在百貨商場的入口處設置了一個「兌銀臺」，標示牌上寫著：「親愛的顧客：您備有小額鈔票嗎？為了您購物時的方便，如果您沒有準備小額鈔票，歡迎來此櫃檯兌換，我們將竭誠為您提供服務。」

於是，不少顧客在這個「兌銀臺」上兌換小額鈔票。殊不知，這正是商場老闆的「老謀深算」呢！

我們不難發現：當從荷包裡掏出高額鈔票時，往往會相當猶豫是否要動用它？還是放棄購買不那麼需要的商品？然而當身上只有小額鈔票時，很多顧客就會在不知不覺中把兌換的小額鈔票花光了才停止。在對待一些數額既不太大，也不太小的數目時，一般說來人們都不會產生太強烈的心理震動，因此即使造成了浪

費，也不致於心疼。

　　卡內基指出：「如果能將較大的金額用『化小』的方式換算成其它等值的小款，在使用時就會謹慎得多了。比如有一位女士，應邀參加一個宴會，飯桌上擺滿了一盤盤佳餚，當她聽說一桌宴席的費用是四百美元的時候，不禁暗暗咋舌，心想：『四百美元能買好多麵包、奶酪，還能給孩子買不少的學習用品和玩具呢！』假如在賭場上輸掉四、五百美元的那些人，都能像這位女士一樣『化小換算』的話，就不致於輕易讓錢白白流失了。」

　　曼哈頓區有家商場專門設了一個專櫃區，裡面販售的全是清一色的高檔商品，價格極其昂貴。那些商品的價格，動輒數千美元，一般的上班族都不太敢走進去。這並非他們沒有購買力，而是即使買得起，他們又怎麼肯拿出自己有限的錢來消費呢？老闆深諳這些族群「不是買不起，而是不肯買」的心態，在商場入口處掛起一塊醒目的牌子，上面寫著：「您想購買本區的精美商品嗎？請不必為價格煩惱！本商場本著竭誠為顧客服務的宗旨，獨家推出『送溫情』優惠大銷售，購買本區商品時，只需先付百分之二十的價款，餘額可在此後半年內分成十次支付。也就是說，如果您購買一件價格為三千美元的高級精品，每個半月支付二百四十美元，即可立刻擁有高級享受！」

　　看著這誘人的「促銷」，本來不敢「輕舉妄買」的顧客，也不免怦然心動了。「分期付款」本是為不具消費能力的人解決問題，在商業炒作之下，卻也變成不知不覺地鬆開他人荷包的美麗陷阱。

卡內基曾舉了這樣一個寓言故事：

有一條魚在一個小水盆裡游水。突然，小水盆出現了一條裂痕，有些水流了出去。這條魚立即警覺起來，水盆裡就那麼一點水，要是水流乾了，牠可就糟糕了。於是，牠馬上想辦法把那道裂痕填補好了。

後來，這條魚來到一座大湖裡，湖水煙波千里，浩瀚無邊，牠在大湖裡盡情悠游，好不快活。有一天，湖堤塌了一個大缺口，湖水嘩啦嘩啦地奔瀉而出。魚一點兒也沒放在心上，牠心想：流出這點水算什麼呢，湖水多的是呢！

一隻海狸鼠好心地提醒魚說：「魚先生，照這樣流下去，湖水是會流乾的，您趕緊想辦法止住流水吧！」

魚不屑地回答說：「我說海狸鼠啊，你真是杞人憂天，這麼一大湖的水，怎麼會流乾呢？」

牠就這麼坐視著湖堤塌陷，繼續在湖中怡然自得。直到有一天牠一覺醒來，想翻一個身，卻翻不動了。牠仔細一看，不由得驚嚇得目瞪口呆，湖水居然就要流乾了！然而此刻為時已晚，魚眼睜睜地看著湖水流盡，牠躺在乾涸的湖底上，掙扎了幾下，就一動也不動了。

尊重你的金錢

對金錢的態度，決定你使用金錢的方式。對金錢最佳的態度，就是「尊重」。也許聽起來有些可笑，然而「尊重金錢就可以吸引金錢，反之則排斥金錢」，這個道理卻是無庸置疑。因為

尊重金錢的人會謹慎地抉擇金錢的用途，不會輕易浪費，也不會將它用於違法投機的旁門左道；錢一旦用對了，就不會招致厄運或災禍，反而會像一塊磁石，為你吸附更多賺錢的良機。

那麼，不尊重金錢的人呢？

不尊重金錢的人在使用上就容易掉以輕心，做出許多不合適的消費，讓金錢本身的價格與不相稱的商品價值相匹配。不尊重金錢的人，不會把金錢當成兌換幸福的工具，而會把金錢當成個人圖利的手段，成天只期待錢滾錢、利滾利，而那些錢最終被賦予的下場，經常都是驕奢的鋪張、無義的揮霍。

想檢視你的態度是否尊重金錢嗎？請嘗試詢問自己以下的問題：

1. 你在他人身上花費的錢是否比支付在自己身上來得多？都花費在哪些方面？為什麼？

2. 你是否發現自己為他人購買的生日或節日禮物，已經超過理想中的適當範圍？為什麼？

3. 你是否願意支付更多的運費，透過快遞公司或航空運輸寄送物品，而不是自己去郵局，花更少的郵費寄送東西？為什麼？

4. 你是否因為一時衝動買下一件衣服，拿回家後又覺得它實在不適合自己，於是把它冰封在衣櫃裡，卻不想辦法轉賣或退貨把錢取回來？為什麼？

5. 你向慈善機構捐款，是因為你確實認同這項事業，還是為了營造良好的名聲或其它目的？為什麼？

6. 你是否每年都會盡可能儲存一定額度的錢到退休金裡？如果沒有，是儲存在什麼用途？為什麼？

7. 你是否經常向朋友借東西或借錢，卻沒有還給他們？為什麼？

8. 你是否經常逾期歸還書籍或影片，並且繳交滯納金？為什麼？你嘗試過哪些改善的方法？

9. 當你的衣服只需要快速熨燙一遍時，你是否仍是要送乾洗店？為什麼？

10. 你是否僅僅因為不喜歡做飯，或懶得下廚，而經常在外面進食？花費多少？為什麼？

你還可以羅列更多的問題詢問自己，列完之後寫下自己的答案，並且仔細思考這些情形，思考自己對金錢的尊重態度。這些答案的是否，並不絕對與是否尊重金錢連結，你有一百種理由可以解釋這麼運用金錢的緣由，重點在於「思考」，因為我們和金錢接觸的方式會影響我們生活的每一個層面，當你對既有財富的運用不是漫不經心，那你就跨出了關鍵性的一步。

錙銖必較不等於吝嗇

如果你以提高生活水平來配合你目前的收入，它就會強迫你繼續製造同樣的水平，不論後來你的收入如何變化都是如此。「由儉入奢易，由奢返儉難」，從未感覺到「夠了」，會造成幾個明顯的問題。

第一，每個人都可能在人生階段中遭逢逆境，如果你向來習

慣花光你所賺到的每一分錢，可能就會積習難改。不過，如果你控制好花錢的習慣和欲望，遇到時機不好時就只要稍作調整即可。

第二，「生活水平」一提高，就會難以克制地想要更多。你所擁有的物品品質越高，就需要更高價的保養、處理、保險、照料，擔心的時間也越多！就像質料越好的衣物往往不能丟進洗衣機裡清洗，而必須自掏腰包送到乾洗店。

理財之道甚多，其中之一就是「錙銖必較」。企業在經營管理中，應力求節約，爭取使人、財、物的消耗達到最低限度，讓每一種費用支出都發揮出應有的作用。企業落實勤儉節約的精神，處處「錙銖必較」，容易給人「慳吝」、「小氣」的印象，但是這種「小氣」意識和行為，又往往是企業走向成功不可或缺的重要因素。世界上不少著名的大企業就是靠「小氣」起家和發展起來，也正是依靠「小氣」達到今天稱雄市場的地位。日本豐田汽車公司就是其中的一例。

豐田汽車公司創建於一九三三年，它的前身是豐田自動紡織機械公司，創辦人是豐田佐吉的兒子豐田喜一郎，他在一九三八年建立起豐田汽車廠，但他不善理財，致使產品生產成本過高，再加上其它問題，造成公司在二次大戰後債臺高築。到了一九五〇年，這家只有二點一億日圓資本的公司，負債額竟高達十億日圓，於是豐田喜一郎引咎辭職。

豐田佐吉委派他創辦豐田紡織機械公司時的副總經理石田退三接任，石田退三一上任就倡導節約風尚，能省則省，能儉則

儉。例如：廁所用水要節約，影印紙的背面回收當便條紙、手套破一隻才能換一隻……如此等等。此舉雖然被一些人譏之為「小氣」，但在這樣的「名聲」之下，豐田汽車公司的生產成本卻顯著降低，銷量也隨之擴大，從此，一躍成為世界上最大的汽車公司之一。

實施「錙銖必較」之謀略，應力求事事精打細算，不能只注意一點，不管其它，要從一分錢、一度電、一滴油、一兩棉紗仔細「較」起。「錙銖必較」不僅是理財問題，「較」得好，幾經日積月累，它也是一條重要的生財之道。

尤其可貴的是，一些巨商大賈把「節儉」的品德作為傳家之寶，嚴格要求子孫克勤克儉。洛克菲勒對於兒女的零用錢，始終控管得非常嚴格。他規定零用錢因年齡而異：七到八歲時每週三角，十一到十二歲每週一元，十二歲以上者每週兩元，每週發放一次。他還發給每人一個小帳本，要他們記清每筆支出的用途，每週領錢時交給他審查。帳目清楚、用途正當者，下週遞增五分，反之則遞減。同時允許參與家務可以得到報酬，補貼零用。例如，捉一百隻蒼蠅得一角，捕一隻老鼠得五分，背柴、砍柴、拔草各得若干。

第一次世界大戰期間，洛克菲勒全家老小各自吃配給的糧食，烤蛋糕時還要兒女們交出等量的膳食。此時男孩子們合辦「勝利」菜園，種瓜菜賣給家裡和附近的食品雜貨店。納爾遜十二歲和勞倫斯十一歲時，還合夥養兔子賣給醫學研究所。正是這種「錙銖必較」的「戰」法，使這些人創出令人難以置信的奇蹟。

把握致富良機

認清機遇的本質

　　創業致富，固然必須腳踏實地，然而在某些情境下，仍然要倚賴運氣的垂青。正如孔明攻打曹操時的「萬事皆備，只欠東風」，風向正是人力無法控制，必須聽天由命的「機遇」之一環。

　　機會究竟是什麼呢？機會是一種有利的環境因素，能讓有限的資源發揮無窮作用，藉此更有效地創造利益、航向目標。具體地說，在特定的時空條件下，各方面因素配合得當，就會產生有利的情勢；誰能最先利用這些有利情勢，結合手上的人力、物力從事投資，誰就能更快、更容易獲得成功，賺取財富。這些有利情勢的總和便是機會。

　　也許這種說法仍然稍嫌抽象，畢竟若無法認清機遇的本質，即使與機會正面邂逅，也無法認清它就是期待已久的「伊人」。的確，機會固然抽象，但它也有自身的組成要素。了解這些基本組成要素，將來就更有機會予以判讀。

　　機會的三項要素包括：

一、資源

　　資源包括個人的知識、技能、人際關係、智慧、財富、膽量等等，也包括機構或企業的人才、資本、科技、設備、現有的產品或服務，諸如此類，也就是現行可資運用來創造價值的條件。這些條件或許有形、或許無形，但必須能為個人或

企業製造價值，才稱得上是資源，否則只是未開採的鐵礦、未琢磨的璞玉，並無多大用處。

例如當某國鬧糧荒時，國內某些地區卻囤積大量蔬果，由於交通運輸落後，官僚行政的阻撓，蔬果無法投入市場，堆積在路邊或倉庫裡白白腐爛，這批腐爛的蔬果就無法產生價值，因此不能算是資源。

二、利益

利益是機會的主要內容，也是創造機會的主要目標。一種條件如果不能為人們帶來利益，那就不是機會。對於致富來說，利益主要是金錢的收入，另外還包括名譽的提升、形象的建立或改善，或其它個人認為有價值的獲得。利益在不同行業裡各有不同的具體表現，例如，飯店業要求客戶的入住率保持高水平，百貨業要求貨品流通迅速、擴大市場占有率。提高利潤、降低成本等，則是各行各業共同的追求。

三、條件的配合

條件的配合是指客觀環境和創造機會的主觀條件互相配合，首先是客觀因素的變化，造成有利的投資環境。例如，經濟復甦、人口激增時，可用的土地有限，造成地價急漲，這就是把資金投入地產市場的有利環境；除了需要發展土地所需的資金、技術、人才等，還要創造機會者個人的眼光、膽識和決斷力等。

創造機會者的物質條件（資金、人才等）、個人條件（眼光、膽識等）都屬於資源，因為它們能為創機者創造價值，帶來

利益；而機會正好提供了最有利的環境，讓創機者得以更有效地調配資源，創造或增加利益。

　　為了更明確地認清機會的本質，僅僅了解機會的組成要素還遠遠不夠，你還必須熟悉**機會的五個基本特徵**：

一、瞬時性

　　瞬時性是指機會的持續時間很短。機會稍縱即逝，主要有兩個原因：一是基於形勢的瞬息萬變。由於科技的迅猛發展，使地球成為一個地球村，國際間存在著的風雲變幻，特別是景氣上的許多變動因素，均能快速影響全球。所以，某國發生爭端，可能一夜之間就會波及全球，例如二○○八年九月，美國雷曼兄弟申請破產，造成全球股市的嚴重震盪，德國、法國、日本、韓國、中國皆跌勢劇烈。金融市場的大起大落，最能反映國際形勢的波濤洶湧，唯其形勢不斷變化，這一刻鐘造就了機會，那一刻鐘機會可能已消失於無形。二是由於競爭激烈。機會往往數量有限，卻有千萬人爭相競逐。機會來了，若無法即時加以掌握，轉瞬間就會讓別人捷足先登，讓自己追悔不及。

二、事半功倍

　　這個特徵是指機會降臨之時，資源得以充分利用，使得投資雖少但利潤驚人。以晉升更高職位為例，如果某部門的主管突然離職，他的空缺需要填補；人力市場求過於供時，招聘即出現困難。在這種情形下，機構本身只好提升那些年資不足，工作表現尚佳的員工，給予他們在職訓練。這是環境造

成的機會,而你可能就是其中一員,這樣的時機比起你另外進修研讀,得以更快獲得拔擢。

有了機會的加持,就好比順風揚帆、順流而下,既簡便又快捷,收穫也更加豐厚。

三、多變

機會具有保護色,它如同藏身枝葉間的變色龍般善於偽裝,往往在最不引人注意的地方出現。機會來時,不會敲鑼打鼓昭告天下;機會總是靜悄悄地降臨,當你正在為瑣事忙得透不過氣,沒心情去注意身邊發生的變化時,機會就來到眾人之間,靜待著慧眼英雄的發掘。

機會像精於化妝的演員,這就需要你主動戳破它的假象,把機會的容貌辨識清楚,然後斷然採取果敢的行動,把機會據為己有。

四、平等

機會的分布絕對人人平等。不平等的不能稱為機會,而要稱為「運氣」。這也可分環境和個人兩方面來說:

就環境而論,當機會出現時,大家都身處相同的環境裡,都有可能掌握機會,但機會只為有眼光的人服務。誰具備掌握機會的條件,機會就會來到他身旁,聽候他的囑咐。面對相同的環境,能否捕捉千載難逢的機會,就看個人的眼光和膽識了。

從個人層面來說,一個人一生裡往往有那麼幾次好運,例如遇到契合的上司、作品受到伯樂青睞等,若能善於利用這些

時機，敏銳洞察、果斷行事，取得成功就比較容易；否則，將會為失機者留下無窮的懊悔。

也許你會說：他生長在富豪之家，我卻在窮苦家庭中長大，擺在他和我面前的是不同的機會，怎麼會說機會分布平等呢？其實令機會分布不平均的因素主要在於人為，例如特權或偏見的存在、某種制度或意識形態阻礙個人創造的自由等。例如女性投票權直到二十世紀初才得到全面開放，因此在這之前女性的參政機會或視野就會因此受到侷限。

五、網絡性

機會像個網絡，步步相連、輻射擴散，你只要進入網絡的起點，沿著網絡的通路往前走，就能走到更遠的地方，走向更複雜的岔路。

這種網絡的特性，令機會能夠像細胞一樣不斷分裂。一個機會來了，只要你能好好把握，把機會的潛能發揮到極點，你會發現，其它機會就從四面八方向你湧來，像滾雪球一樣，越滾越大。

人生是由許多個步驟串連而成，機會則在不同的步驟中隱藏。機會與機會之間有一種密碼式的連結機關，好比動物利用氣味、聲音或費洛蒙吸引同類一般；又像神經傳導物透過與細胞上特定的受體結合，傳遞訊號進入細胞內部那樣，只要你能夠譯解與機會相連的密碼，成為機會的特定的「受體」，就不難一步步向成功的高峰攀登。

譯解機會密碼的關鍵是：先掌握第一次機會，並充分發掘它

的潛能。試以參觀樂園為例，首先是購票，這就好比掌握了創造機會的必備條件。接著是進場，這相當於捕捉到第一次機會。進場之後，按照說明書的指示，到樂園內各個角落去尋幽攬勝，這好比沿著機會的網絡，由一個起點到達另一個起點。

六、隱蔽性

顯而易見的機會往往是小機會，但真正的大機會經常隱微不現，埋藏在表象的深處，不易被一般人所見。只有洞見過人的成功者才能越過紛雜的表象，發現埋藏其下的機會並挪為己用，透過偶然看到必然，甚至藉機尋機，以此為墊腳石挖掘出更多可能。如此一來，懂得辨別機會和不懂得辨別機會的人，其間的差距就會呈現等比級數般越拉越大。

認清運氣不等於機會

運氣帶有偶然性、意外性，而且經常以不平等的形式出現。例如有些人出生時容貌姣好、有些人則智力超凡，這些都是運氣好的象徵。然而，切記不要把機會和運氣混淆，以免作出錯誤判斷。你要歡迎運氣但不要倚賴運氣，因為運氣雖然可以讓你事倍功半，但往往可遇而不可求，而且由於你的立足點與其它人不相等，對於你的實力養成根本毫無助益。

機會的來臨，則可以出自偶然，也可以出於創造，而且它絕對平等。當機會偶然發生時，端看當事人是否能辨認與及時利用，為事物增加價值，為自己帶來利益。機會也可以由人為創

造，例如當你想認識某些領域的知名學者，增加自己參加研討會或旁聽課程的次數，就會更有機會與之相遇或交談，這就是一種創造。想當然爾，面對機會時，人不是完全被動地等待接受好處，智慧才是擁有機會的前提，並且能提高個人的實力。

也許在致富的過程中你會聽到人們這樣說：「╳╳有什麼了不起！他還不是運氣好，才坐到今天的地位！」或者說：「就憑╳╳那兩下子，也不見得比我高明多少，但人家有個好靠山，人際關係好，所以升得比誰都快！」……

這兩種說法，幾乎都完全否定了別人的才能，認定其人的成功全憑運氣和關係。如果這話出自中年人口裡，表示他對世事的感慨，對生不得志的牢騷抒發，尚且情有可原；但如果是出自年輕人之口，則必須嚴加警惕，因為這一念之差，很可能就葬送了整個光明前途。

這不是危言聳聽，而是人生的必然之理。對於剛入社會的年輕人來說，一切才剛起步，連發牢騷的「本錢」都沒有就開始怨天尤人，將他人的成就都歸於「本質」，既然本質無法改變，那麼努力還有什麼作用？──這種負面思維周而復始，進而剝削了個人努力的動力，讓大好的青春就此浪費。

這樣說，並不是完全否定人生的境遇會受環境影響，而是說一個靠自己奮鬥前進的人，應該拋卻格局狹窄的怨嫉，懷抱「人定勝天」的豪氣，更該有靠自己能力白手創業賺大錢的信心和毅力。

機會只給準備好的人

　　偶爾為自己羅織一椿美好的幻想，作為貧乏時刻的點綴。我們會對某些公司耀眼的福利望洋興嘆，想像自己若能成為旗下職員該有多好；我們會假想自己大權在握，意氣風發地在萬眾矚目之上雄辯滔滔……。

　　在致富的過程中，我們必須相信，幸運之神會隨時叩響大門，偶然的機會可能徹底改變人的一生，關鍵只在於是否已經做好準備。試想，如果你嚮往已久的企業終於開出了令人垂涎的職缺，這時才發現語言自己能力不足，怎麼辦？試想，如果你接到千載難逢的演講邀約，這時才發現你對主題根本一竅不通，怎麼辦？

　　某年夏天，一名大學畢業生求職四處碰壁，最後好不容易看到一間外商公司的徵才訊息，即使自忖英文僅屬中間程度，仍然硬著頭皮前往應徵。面試當日，一個戴著眼鏡的中年人，用英語問了一些基本問題，諸如「你為什麼要來本公司應徵？」、「你對本職務的理解為何？」由於英語程度的限制，他的回答非常簡要平庸。接著，中年人拿出一個包裝紙盒問他：「這是用來裝什麼的？」他接過來仔細看了看，外面的說明是用英文寫成，但關鍵詞即盒子所裝的內容，卻是一個相當少見的字彙。正在一籌莫展的時候，他瞥了一眼紙盒的另一面，另一面是對應的日文說明，剛好他曾經基於興趣自學了幾年日文，於是脫口而出：「碘酒」。中年人臉上露出了會心的微笑，用手指了指後面的總經理辦公室──「恭喜你過了第一關。」很多英語遠比他流利得多的

人，卻因為這個詞而被擋在門外。

還有另一個音樂的故事，也是這方面的典型。

芬希是一個熱愛音樂的人，某天他穿越紐約市某條街道時，被一輛豪華轎車撞倒在地。「誰」合唱團的首席歌手羅傑‧戴特里從車上跳下來，協助身體蜷曲成一團的傷者離開馬路，問他是否被撞傷了。芬希表示只是受到驚嚇，並無大礙，但他擔心袋子裡的示範帶可能受損。戴特里於是邀芬希上車聽聽這卷帶子，以安撫他的情緒，沒想到聽了以後，大為驚艷。根據戴特里的說法是：「那曲子好聽得難以定位。」

由於這場巧遇，芬希在戴特里及他的樂團所錄製的音樂專輯中參了一腳，唱了好幾首歌，從而使得這張專輯空前暢銷。

或許有人會嗤之以鼻地說，這只是芬希個人的幸運。但這位不幸被撞倒的幸運兒，若本身毫無本領，即使與巨星迎面相撞，恐怕也無法得到相同的成功機會，遑論在樂壇出人頭地。芬希當時則已做好準備，隨時可以迎接機遇。這個例子再度證明，預做準備功效無窮。

機遇只青睞那些準備好的人，機遇來臨時，你若有備而戰，便有了十分的勝算。

大好機會不一定遠在他方

根據統計，在美國東部的大城市中，至少百分之九十四的人第一次賺得大錢是在家中，或在離家不遠的城市，而且經常是為了滿足日常、普通的需求。對於那些看不到身邊機會，一心以為

只有遠走他鄉才能發跡的人，這無疑是當頭棒喝。很多期待事業有成的人，經常會想到遠方闖蕩，當你昂首瞭望的同時，又怎會望見腳邊閃爍的金石呢？

幾百年前，印度河畔住著一位波斯人，名叫阿里·哈菲德。他住在河堤邊的一間農舍裡，從那裡放眼望去，是一片無垠的田野延伸到遠方的大海。他有妻子和孩子，有一座溫馨的農莊，種植著穀物、鮮花和果樹。他還有一點積蓄，有自己希望擁有的一切，過著知足且幸福的日子。

某天傍晚，一位長老前來拜訪，與他坐在火爐邊，向他解釋世界如何形成，以及最初的幾縷陽光如何在地球表面凝鍊成鑽石。這位長老告訴他，陽光凝成的一顆拇指般大小的鑽石，要比金、銀、銅礦值錢得多：用一塊鑽石，他可以買下許多他現有的農莊；用一把鑽石，他可以買下一個省；用一袋鑽石，他可以買下一個王國。阿里·哈菲德靜靜地聽著，感覺自己不再是個富人。他被一種不知足的意念攫奪，彷彿他既有的財富已經不再。

第二天一早，他叫醒了這位令自己不再幸福的長老，急切地問他在哪裡可以找到鑽石。

「你要鑽石幹什麼？」長老吃驚地問。

「我要成為富翁，讓我的孩子們登上國王的寶座。」哈菲德說。

「那你只能出去尋找，直到你找到鑽石為止。」長老說。

「可是我該到哪裡去找呢？」哈菲德問。

「東南西北，隨便哪裡都可以。」長老說。

「我怎麼知道自己已經找到了呢？」哈菲德又問。

「當你看到一條河流過高山峻嶺之間的白沙，在白沙中你就會找到鑽石。」長老答道。

哈菲德隨即賣掉了農莊，把一家人託付給鄰居照顧，帶著旅費出發，尋找人人都想得到的寶藏。他翻越阿拉伯的高山，經過巴勒斯坦和埃及，遊蕩了數年卻一無所獲。他的錢已經花完了，不得不忍飢挨餓，最後甚至在渺茫的沙漠裡失去了蹤影。

而買下阿里‧哈菲德農莊的新莊主，某日在看駱駝飲水時，注意到溪邊的白沙上有一道光芒閃過，他撿起一塊石子，十分喜愛那燦爛的光澤，就把它拿進屋內，放在壁爐邊的架子上作為裝飾。

那位打破了阿里‧哈菲德平靜生活的長老，這天又來拜訪農莊的新主人。他才一進屋，就被那塊石子發出的光芒吸引住目光：「鑽石，這是顆鑽石！」長老異常興奮地喊道：「阿里‧哈菲德回來了嗎？」

「沒有」。莊主回答道：「這並不是顆鑽石，這只是一顆普通的石頭。園子裡還有很多呢！」他領著長老走進園子，用手指攪動白沙，一顆顆精美的鑽石隨之浮現，舉世聞名的戈爾康達（Golconda）鑽石礦就這樣被發現了。假如阿里‧哈菲德心滿意足地留在家裡，留意身邊可見的溪流白沙，而不是跑到異國他鄉去圓發財夢，那他就會成為全世界巨富之一，因為他原有的農莊裡，到處都是珍貴的鑽石。

搶得先機，方能出奇制勝

　　機遇尚有先後之分。正如先前不斷強調，無法認清機遇的人，就會把致富的可能拱手讓人，而搶先辨明並利用機遇的人，就是搶得「先機」的霸主，形同在槍鳴之前率先「偷步」的田徑選手，倘若其它條件都與對手不相伯仲，便可輕易將對方拋在腦後。

　　一八六〇年代中期，在美國南北戰爭即將接近尾聲之時，市場上的豬肉價格飆得很高。亞默爾知道這是暫時的現象，一旦戰爭結束，豬肉價格馬上就會下跌。他密切關注戰事的發展，照例每天讀報，並從報上的最新消息中推測，南軍敗局已定，只是不知道還會堅持多久。

　　某天他拿起當日的報紙，一則新聞吸引了他的注意力：「一位神父在南軍李將軍的營區遇到了幾個小孩，他們手裡拿著許多錢，問神父在什麼地方可以買到麵包和巧克力？神父問，你們的父親呢？孩子們說，他們的父親都是李將軍手下的軍官，我們已經好幾天都沒有麵包吃，而爸爸帶回來的馬肉則讓人難以下嚥。」

　　亞默爾讀著這則消息，立即作出判斷：南軍物資缺乏為眾人所皆知，但現在已經到了宰馬吃肉的地步，可知距離戰爭結束的日子已屈指可數。

　　深知機會不容錯過，亞默爾立刻與東部市場簽訂了一個大膽的「賣空」銷售合約，以較低的價格購進一批豬肉，並約定晚一陣子再交貨。當地銷售商當然樂於進貨，因為當時價格如此低

落。可惜他們沒能料到，戰爭一旦結束，豬肉的價格會跌得比亞默爾賣得更低。

不出亞默爾所料，沒過幾天戰局和市場都發生了翻天覆地的變化。亞默爾憑著「見微知著」的過人眼光，從中賺取了一百萬美元的鉅款。

類似的例子也可見諸美國康特肉食加工公司老闆菲力普身上。

一九七五年的某天，他一如往常地翻閱報紙，突然一則新聞標題令他精神一振——原來是墨西哥發現了疑似瘟疫的病例。他馬上想到，如果墨西哥真的發生瘟疫，一定會從加州或德克薩斯州邊境傳到美國，這兩個州又是美國肉食供應基地，肉類供應肯定會吃緊，肉價也必然會高漲。

當天，他就派私人醫生亨利趕往墨西哥調查情況。幾天後，亨利證實那裡確有疫情蔓延，而且有逐漸加劇的趨勢。菲力普立即集中全部資金，購入加州和德克薩斯州的牛肉和生豬，並及時運往美國東部。

果然，瘟疫很快蔓延到了美國西部的幾個州，美國政府因此下令：嚴禁一切食品從這幾個州外運，其中當然包括牲畜在內。於是，美國境內肉類嚴重匱乏，價格暴漲。此時菲力普再將肉品輸入市場，短短的幾個月就淨賺了八百萬美元。

「資訊」對於追求財富的人而言，掌握數量的多少和快慢往往是決勝關鍵。知識就是財富的真理已耳熟能詳，然而身處資訊爆炸的時代，能從無用的訊息中快速汲取有用的情報納為己用，

更是釀造財富的必備能力。

　　能有效掌握資訊，就能有效掌握市場；能有效掌握市場，就能有效掌握財富。

　　某次，中國某代表團訪赴日與某日商公司接洽。席間，談起了中國上海每度電的價格問題。中國代表團說每度電零點二一元，日本代表馬上糾正：「不對！應該是每度零點二四元。」接著又列舉了廣州、北京、天津、武漢、瀋陽等城市的電價。中國代表團回國後逐一核查，日本人竟然沒有報錯任何一個城市的電價。

　　還有一次，日本某企業代表團前往天津訪問，會談時電燈突然閃了一下，他們馬上斷定天津的電力供應不足。之後當天津提出購買電力設備時，日本人馬上抬高價格，且不作絲毫讓步，因為天津缺電的背景將使其議價籌碼非常薄弱。

　　猶太商人的消息靈通也是舉世聞名。在這方面，素有猶太經商代表之稱的羅斯柴爾德（Rothschild）家族，提供了一個最好的示範。

　　羅斯柴爾德家族成員遍布西歐各國，這樣的特質使得該家族的訊息來源相當廣闊，也使得各種訊息更加意義非凡：在某地已經過時的情報，在另一地可能仍具有巨大的價值。為此，羅斯柴爾德家族特地組織了一個專為其家族服務的訊息快速傳遞網，在交通和通訊尚未像今日這般快捷的時代，這個快件傳遞網著實發揮了重大的作用。

　　有一次，羅斯柴爾德為了獲取訊息，甚至親臨前線當起了快件傳遞員。

　　當時正值十九世紀初，法國和歐洲聯軍陷於苦戰，戰局變化不定、撲朔迷離，誰勝誰負，一時還很難判斷得出來。後來，聯軍統帥英國人惠靈頓將軍在比利時發起了新的攻勢，一開始即戰況慘烈，使得歐洲證券市場上的英國股票十分疲弱。

　　這時，倫敦的羅斯柴爾德為了掌握戰局的走向，專程渡過英吉利海峽，來到法國了解戰況。當戰事開始逆轉，法軍已成敗勢之時，他一獲悉確切消息就即刻動身，趕在政府急件傳遞員之前幾個小時回到倫敦。他們動用了大筆資金，趁英國股票尚未上漲之際大量買進。幾小時後，隨著政府公布戰況，股價直線上揚，轉眼之間，羅斯柴爾德的財富也隨之直線上升。

　　機遇稍縱即逝，這對所有創富者皆然。少數人之所以能在短期之內暴富，往往是因為他們先聲奪人，把那些仍在猶豫徘徊，或甚至連一手消息都搆不著邊的人推落遺憾的深淵。所以，對於每一個高財商的人來說，敏銳的嗅覺永遠不可或缺。

創造機遇，讓機遇現身

　　在白手起家的時期，最重要的是反應敏銳，並善於創造機會。著名的牛仔褲之父──李維・施特勞斯（Levi Strauss）發跡的經歷，就是最好的證明。

　　一八四七年，十七歲的李維・施特勞斯從德國來到美國，投靠在紐約開布店的哥哥，以推銷小商品謀生。一八五〇年，美國西部出現了淘金熱，十九歲的李維也加入了這股潮流。然而，當他隻身來到舊金山，看到了熙熙攘攘、成千上萬的淘金者之後，

改變了淘金的初衷，決定另闢發財門徑。他先是開設了一家銷售日用百貨的小商店，製作野營用的帳篷、馬車篷用的帆布。李維認為：「淘金固然能發大財，但為那麼多人提供生活用品也是一椿能賺錢的好生意。」

一天，李維正扛著一捆帆布往回走，一位淘金工人攔住了他說：「朋友，你能不能用這種帆布做一條褲子賣給我？我們淘金工人整天和泥水打交道，普通的褲子經不住穿，只有帆布做的褲子才結實耐磨。」

李維聽後，靈機一動，一條生財之道馬上在他腦中閃現而過。於是，他立即將那位淘金工人帶入一家裁縫店，按他的要求做了兩條褲子。這就是世界上最早的牛仔褲。

由於牛仔褲結實耐磨，很快就成為淘金工人的搶手貨，並創立了著名品牌「Levi's」，其在美國國內一年總銷售額最高曾達到71億美元，國外銷售盈利更屢次超過二十億美元，雄踞世界十大企業的行列。

機會，常常是在你最不在意的時候悄悄降臨，因此，你必須對所有外界的事物保持高度的警覺性，捕捉偶然契機中的商機。在致富的商業活動中，要保持一種「善思」的習慣，這樣就能在平常的事務中嗅出別人得不到的商機。

美國柯爾克玩具製造商（Coleco）的總經理羅勃，透過市場調查，發現美國「家庭危機」的情勢正在延燒，破碎的家庭越來越多，有些是父母離異，使得其中一方失去感情寄託；有些是父母年邁，與成家子女相隔異地，感到孤單落寞。為了彌補這方面

的感情空白，他判斷其中蘊藏著前所未有的商機，決定開發「椰菜娃娃（Cabbage Patch Kids）」，讓這種娃娃填補人們心目中孩子的地位。

他根據歐美玩具市場正由「電子型」、「智能型」轉向「溫柔型」的趨勢，採用先進的電腦技術，設計出千姿百態的「椰菜娃娃」。這些娃娃具有不同的髮型、髮色、容貌、服飾等等，每個身長大約四十公分，可供人們任意「領養」。

羅勃親自出征，周遊列國，在各大城市主持兒童博物館舉行的「集體領養椰菜娃娃」儀式。每舉行一次「領養」儀式，都會在舉辦城市掀起一場領養「椰菜娃娃」的熱潮。聖誕節前後，人們冒著寒氣逼人的北風，在玩具店前大排長龍，競相「領養」，有的婦女竟一個人「領養」了近百個「椰菜娃娃」。

絕妙的是柯爾克公司還銷售「椰菜娃娃」的周邊商品，例如：娃娃用的床單、尿布、推車、背包和各種玩具。既然顧客「領養」娃娃時，把它作為真正的嬰兒和感情上的寄託，當然要購買必不可少的嬰兒用品。

莎士比亞說：「聰明人會抓住每一次機會，更聰明的人會不斷創造機會。」從這些獨具慧眼的機遇開發中，柯爾克公司賺取了高額利潤，僅在一九八四年一年之中，銷售額就超過十億美元。迄今為止，世界上已經生產出將近一億個椰菜娃娃。

創造機會主要有三種方式：

第一種方式是「發現」：

發現是在現存的事物中，找出未被重視、未經利用的地方，

例如哥倫布發現美洲新大陸。若以商業來說，即是察覺到社會、經濟的轉變、顧客的消費欲望、價值觀或需求的轉變；或者在自己的產品與服務裡，找到未能充分利用，或值得改良的缺點等等，這些都是不同的發現。

第二種方式是「發明」：

發明是創造出在那個時候尚未存在的東西，例如，蒸汽機、電話的發明。發明通常與某項科技的突破有關，例如，原子彈、電腦的發明，但發明也可指創造一套方法或程序，為現存的事物創造新的用途。若以創業者來說，他的發明則可取得專利權，作為他創業的重要資源。

第三種方式是「組合」：

組合是把現存事物重新排列，把不同的因素重新組織。這是在看似沒有關聯的事物中間發現關聯，並重新予以編排。組合可以在不同種類、不同領域的產品、概念、程序、方法之間進行。組合的結果，往往會發明新產品、新方法、新概念，新用途。

發現、發明、組合只是創造活動的起點，創造者必須針對發現、發明或組合的「產物」，研究有沒有創造價值的可能。如果該產品具有這樣潛能，便可開始進行開發、生產、銷售，為市場帶來生機，為自己創造利益。這種發現、發明或組合，才算得上創造機會的一種方式。創造機會並非為興趣而創造，而是為了增加價值和利益而創造。

二十世紀初，克拉克開辦了一個專門經銷煤油爐和煤油的公

司。公司創立之始，他雖然刊登了大量廣告，極力宣揚煤油爐的諸多好處，可是收效甚微，公司的產品幾乎無人問津，他的貨物大量滯銷，公司面臨破產的危機。

有一天，克拉克突然靈機一動，吩咐下屬登門向住戶無償贈送煤油爐。職員們雖然感到莫名其妙，卻只好照做。住戶們得到免費贈送的煤油爐後，當然非常高興，豈有拒絕之理？風聞此事的其它住戶也打電話向克拉克的公司索取煤油爐，很快地克拉克公司的煤油爐就贈送一空。

當時，人們生火做飯只能用木柴和煤炭。得到了克拉克的贈送後，人們就開始嘗試煤油爐，其優越性果然很快展現出來，變成家庭主婦不可或缺的好幫手。但不久她們就發現煤油燒完了，雖然當時煤油價格很高，但離不開煤油爐的人們也只得自掏腰包。

又過了幾年後，煤油爐漸漸用舊了，人們也只好購買新的。由於當初克拉克的恩惠，那些受過好處的人們，自然將他的公司當成購物的首選。對於那些常客，克拉克還給予適當的優惠策略。因此，顧客們成為克拉克公司的傳聲筒，廣邀鄰里替克拉克作宣傳，號召更多的人加入消費的行列，如此循環往復，克拉克公司的煤油爐開始大發利市。每年克拉克的公司都營利近百萬美元，五年後，他的公司甚至茁長成一個擁有將近四億美元資產的大公司。

有了機會時當然不能錯過，而如果沒有機會時，千萬不可空坐枯等，而要想辦法創造機會，賺取財富。

Reach the riches

高財生

1. 旺盛的企圖心猶如地心引力，一旦引燃，一切都會圍著你的明確目標轉動。企圖心是美好而強大的人類意識，它絕非單純空泛的情緒反應，而是能夠左右行為的內在能量。

2. 確立目標是採取行動不可或缺的前奏，它既孕育了行動的根本，也指引了行動的可能。目標正確，就是成功的開端；目標錯誤，成功就無從談起，甚至把人導向失敗。

3. 我們不需要把錢財看得過分重要，但也不該不當地忽視錢財。尊重金錢就可以吸引金錢，反之則排斥金錢；不尊重金錢的人不會把金錢當成兌換幸福的工具，而會把金錢當成個人圖利的手段，驕奢地鋪張、無義地揮霍。

4. 機會是一種有利的環境因素，能讓有限的資源發揮無窮作用，藉此更有效地創造利益、航向目標。在特定的時空條件下，誰能最先利用有利情勢，結合手上的人力、物力從事投資，誰就能更快獲得成功。機遇只青睞那些準備好的人，機遇來臨時，你若有備而戰，便有了十分的勝算。

「錢」進篇

生財 1
檢視收入與控制支出

確保財務健康

在款拾包袱跳上致富列車之前，應該先檢視一下你既有的「行囊」，正如每位賽車手在上路之前，都會先對愛車的性能與狀況進行全面而整體的檢驗。

蘿絲結婚已經兩年了，由於當時資金不夠，所以結婚以來她和丈夫一直租屋居住。可是近來房租的價格也越來越高，所以蘿絲和丈夫決定購買一棟自己的房子。最後夫妻倆選中了一棟二手屋，並從父母和友人那裡籌得了頭期款。夫妻倆的月收入並不豐厚，除去房貸和還給親戚朋友的錢以後，每月他們就所剩無幾。沉重的經濟壓力讓小夫妻寢食難安，於是他們尋求專業理財師進行諮詢。理財師經過計算，告知他們的家庭財務處於嚴重的健康危機。

家庭財務狀況亮起紅燈，並不只限於低收入家庭。有些低收

入家庭固然生活清苦，然而也因為生活方式十分儉省，並不致落入負債與借債的惡性迴圈；反而有些中等收入家庭，為了滿足某些窮人根本不敢想像的需求，如買車、買房或出國求學等，則會以舉債的方式來圓夢。但是一旦過度舉債，一旦遇上不景氣、收入不穩定，都會形成難以承受的後果。

　　以下是幾種判斷家庭財務健康狀況的標準：

☐偏好儲蓄，幾乎大部分的資金都用於定期和活期存款。

☐喜歡風險大的投資產品，把大部分的資金集中在股票或是股票型基金上。

☐在目前所擁有的資產中，房產占據了很大比例，超過百分之八十。

☐每個月的住房按期還款，占據家庭月收入的百分之五十以上。

☐很少花時間評估自己目前的資產狀況。

☐在過去的三年之中，償還住房貸款延誤的次數超過五次。

☐使用信用卡透支消費後，一年內無法在免息期年全額還款的次數達到五次以上。

☐沒有購買任何偏重保障功能的保險產品。

☐家庭購買的保險保額超過年收入總和的六倍。

☐全家一個月的總支出占達總收入的三分之二以上。

☐從來不對目前的職涯發展抱持危機意識。

☐現金、活期儲蓄等流動性強的資產，不足家庭平均月開支的三倍。

　　上述的情形，符合的項目越多時，代表家庭財務健康狀況越

為惡化。然而，知道這種不樂觀的情況顯然不足，更應採取行動對症下藥，加以療癒。不要急著想靠賺錢擺脫目前的困境，就像受傷的田徑選手應該先求好好養傷，再求贏取獎牌，否則腿上的傷也無法使你在致富之途中支撐夠久。

確保財務健康的步驟可分為以下幾類：

一、謹慎算帳

要就自己的財務狀況列出清楚的明細表，包括自己的資產和負債：資產主要包括的項目有股票、債券、保單等等，你必須能夠掌控這些資產的報酬率；負債主要包括的項目有車貸、房貸、個人貸款等，你則要計算其每月的利息支出。透過計算這些帳目明細，你可以了解自己的風險承受能力，也能掌握可進行投資的本金來源和數量。

一個家庭可以負擔多少債務，應當根據家庭的收入情況而定，如果不顧家庭實況而逕行貸款，則會嚴重影響家庭生活品質，甚至有可能因收入減少影響還債，而被加收罰息，直至被銀行凍結或收回抵押資產。時下，「卡奴」一族越來越多，往往是不善平衡自身財務狀況，以致陷入「以債養債」的無底洞。

有鑑於此，平時即應根據自己的收入情況，進行合理的評估，才能用整體的眼光看出哪裡有需要補填的財務缺口、或是哪裡有得以自由運用的盈餘，再考慮用借債或投資來滿足自己與家人的生活需求。

二、制訂投資理財計畫

投資理財規劃雖然因人而異，但須特別注意的是，淨投資資產與淨資產比等於或大於百分之五十為理想指標。除住宅投資外，個人可能還會有國債、基金、儲蓄等能夠直接產生利息的資產，淨投資資產與淨資產比越高，說明家庭的投資越多元化，賺錢的渠道越多。

除此之外，對於年輕人來說，這一比率低一點也無所謂，因為畢竟買房要傾其所有甚至負債；但是隨著年齡增長，這一比率應當逐漸增大，特別是到了面臨退休的時候，如果這時除了房子以外，其它生息資產仍然很少，那養老就會成為問題。因此，想維持財務健康的方法，即是讓自己的生息資產越來越多，晚年的生活才會有更好的保障。

三、養成經常進行財務分析的習慣

在每個季度結束之前抽出一些時間，結合投資市場上的總體趨勢，研究一下自己目前的各種資產配置情況是不是合理，有沒有進行調整的必要。在資產的配置中，既要兼顧資產的流動性，也要考慮到通貨膨脹帶來的資產縮水；所以應該按照自己的實際需求和整個家庭可以接受的風險程度，盡可能地把資產合理分配在不同風險、不同收益的投資產品中，即所謂「雞蛋不要放在同一個籃子裡」。

在進行財務狀況分析時要注意，流動性資產是指急用情況下能迅速兌現、而不會帶來損失的資產，比如現金、活期存款、貨幣基金等。流動性比率是流動性資產與每月支出之

比。假如你家庭中有一萬元活期存款，家庭每月支出為兩千元，那你的流動性比率為五，也就是說一旦遇到意外情況，個人依然可以應付五個月的日常開支；但如果你的活期存款為一萬元，而每月支出一萬元，則流動比率為一，這樣家庭的應急能力便大大下降了。

分析自己的收支狀況

在開始考慮致富的未來之前，要先透過財務健康的判斷，了解所處家庭的財務現況，因為了解家庭收支狀況即是進行理財規劃、制訂理財目標的起始點，也是財富旅行的第一站。也許有些人會認為追求財富是個人化的行為，以家庭為單位評估健康並不符合需求；然而就現行的社會趨勢而言，我們的錢財運用與家庭成員息息相關，對於某些家庭主婦或單親父母而言，家庭支出占個人所得的比例更是驚人地超乎個人支出。於是，從這種觀點出發，更能掌握究竟是什麼在啃蝕著自己的財富。

一、了解自己的收入狀況

個人的收入來源，主要包括工作收入和投資收益。一般來說，工作收入通常會相對固定，只有投資收益才會對收入產生重大影響。因此不同家庭的收入狀況，應該制訂不同的理財方案。

一般而言，家庭收入狀況可以分為以下三個層次，不同的層次則搭配不同的理財策略：

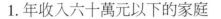

1. 年收入六十萬元以下的家庭

此類家庭承受風險能力頗低，所以必須搭配絕對穩健型的理財方式。專家建議除了正常開支外，可以將剩餘的部分作為家庭基礎基金，進行必要的投資理財。

由於當前股票、期貨市場的行情都不穩定、風險高，而這類家庭的風險承受能力不足，所以建議其選擇市場較為穩定、風險較低的保險和基金等作為投資項目。如有外幣資產，也可選擇銀行的外匯存款。購買人壽保險對於剛步入社會的年輕人，既有基本保障，也具有強迫儲蓄的作用。對於已成立家庭者，則可考慮購買養老保險、重大疾病險等。保險的重點是承擔家庭經濟支柱的家長，所以建議不要替孩子購買人壽保險。

2. 年收入在一百萬元以下的家庭

此類家庭的理財目標是在風險適中的情況下，實現財產增值最大化。該類家庭風險承受能力較高，可以選擇風險適中、收益較高的產品，以風險換取收益。

此類家庭應選擇中長期投資，投資品種以保險、基金及各種存款為主；家庭成年人應選擇購買重大疾病保險、意外事故險，小孩可選擇教育年金，為將來昂貴的教育經費進行儲備。

至於存款類型，建議選擇期限、利率合適的產品適度購買，並同時納入家庭需求的考量。例如定期存款要注意是否在免額度內，並比較各家銀行或理財機關的利率高低；還有短期

資金流動需求較多者,應考慮年期長短的影響,依此類推。

3. 年收入至少一百萬元以上的家庭

此種類型的家庭有較高的抗風險能力,資金結餘較多,有足夠的資金可用於各式投資理財,因此可以選擇多元化投資組合的方式:如基金、外幣匯率投資、股票、房地產等等。這類家庭可以善用自身風險承受度高的優勢,選擇風險較高的品種;由於風險與收益幾乎都成正比,若投資得當,收益將相當可觀。保險可購買高額壽險、醫療險或意外險,保障自己和家人的生活穩定與基本需求,才是投保的優先考量。基金則可選擇股票型基金,主要投資標的為上市上櫃公司的股票,但因較易受景氣漲跌影響,必須培養長遠的眼光。如果看上房價適中的地段,也可擇其進行中長期投資。

二、分析日常支出狀況

理財成功的關鍵是擁有一套適合自己的理財模式。要想組織好的理財模式,首先要了解自己的日常支出行為。從家庭支出的性質而言,家庭開支包括固定支出和彈性支出,固定支出主要指日常生活的必備開銷,一般沒有節省的餘地;彈性支出主要是指一些超乎預期的事件,如婚喪喜慶的紅白包、特殊節日娛樂活動等帶來的開支。

從一般家庭支出的內容來講,家庭日常開支包括五大部分:

1. 日常生活的必要開支:這部分主要包括用於日常家庭生活必需品的消費,也就是食、衣、住、行等四個層面。

2. 未來預期消費開支：這部分主要是指預期之中將來的必要開支，因此必須先進行未雨綢繆的預留工作，如子女的教育基金、養老基金等等。

3. 履行社會責任支出：社會在給予我們權利的同時，也賦予了我們相應的義務。這部分開支主要是指對父母的贍養費用、繳納稅收或公益捐贈等。

4. 社交費用支出：我們生活在社會的大家庭中，必須參加不同的社交活動，維繫自己的人脈關係。這部分的開支就是指朋友聚會、節日送禮等費用的支出。

5. 提高生活水準的費用支出：賺更多的錢是為了更好的生活，這部分支出主要是指為了追求便利、美觀、流行或耐用度等的額外付出，例如購買汽車、名牌衣飾等。

將日常開支簡易分類之後，依照各項目的重要性予以排序，再與費用比例兩相對照，平日的支出藍圖便可一目了然，更可用作爾後判定是否超支的基礎。一般而言，第一項的重要性最高，第五項的重要性居末，但第五項的額度可能會超出第一項許多（例如購買新車就是奶粉錢的千倍以上），這就要依個人狀況詳加斟酌。

三、嚴格而全面的自我檢驗

收入經常很難在短時間內改變，除非是機率不高的意外財運如中獎或得獎等，其它經營本業或受薪度日的大眾，收入大多在一定的範圍之內擺盪甚至保持不動。即使有些人出於急

用而在短期內厲行兼差,在合法的範圍內也不易讓收入大幅增長,只有靠緩慢的在職進修等待加薪或升遷,或是等待機運不定時地上門。

然而支出卻可以適度控制。在日常生活的必要開支之外,其它支出都可以經由個人選擇刪去或尋找更廉價的替代方案。因此,在檢視收入與支出的同時,不妨進行如下的歸納與自我對話:

1. 額外花費

——你是否參加了健身俱樂部、舞蹈課程或英語會話班、新聞寫作班等進修活動?這些活動的價格與賦予你的價值是否確實「值回票價」?

——你是否配戴眼鏡?是鏡框眼鏡或是拋棄式／長戴型隱形眼鏡?你是否依據配載頻率選擇了最省錢的類型?你多久更換一次它們?更換的原因是為了新潮、美觀、健康、或是純粹的度數增加?

——你是否外出參與聚餐或旅遊?參與的理由是不得不去的應酬,或是好友情感聯繫,或純粹為了身心放鬆?將花費的價格與主要目的進行對照,是否讓你覺得收(心靈上)支(金錢上)平衡?

——你是否曾經將某些不熟悉、不願意、來不及的個人事務,以金錢為報酬徵求他人的協助,例如清掃家裡、蒐集論文資料?顛倒角度試試,如果今天有人以相同的金額聘用你,你是否願意從事這份工作?若答案為是,為什麼不將這

筆錢留在帳戶裡「聘用自己」？

——你是否常常落入「折扣迷思」，認為要趁優惠期間撿點便宜，卻忽略了自己是否確實有這項需求？爭搶折扣究竟是省下了錢，或是揮霍了錢？

2. 季節性花費

——當季是否有某種特殊需求使得你的開銷特別突出？例如夏天的空調與冬季的乳液？你是否想過用其它的替代方案加以節省？

——你是否確實善用換季的商場折扣，或是往往慢人一拍，等到價格回升時才想起自己應該添購一些物資？

——你是否每次換季都認為自己應該增購一些物資？去年存留的物資究竟是確實不敷所用，還是純粹被想花錢的意念所驅使？

——你的理髮頻率如何？你是否每換季一次，就會想要更換造型？這是為了實際上的便利考量（如夏天剪短較為清爽）或其它？

3. 小額消費

——你是否曾有因為懶得走路，即使是很近的距離也搭車前往的經驗？這種經歷多嗎？節省的體力是否值得用這些消費抵銷？

——你是否常常一看到自動提款機就插卡提錢，而不管跨行提領是否要支付手續費？一個月下來帳戶裡扣掉多少手續費？手續費的總額夠你做些什麼？

——你是否常因一時嘴饞或心癢，毫不多慮就隨手抓了零食飲料？這些零食飲料確實填飽你的口渴或饑餓嗎？或者它什麼也沒填飽，只是帶來熱量？

當然你還可以有更多元的項目、更嚴苛的標準來進行如上的對話與檢視，但也可以質疑我們是否應該過得如此拮据？這些檢驗的目的，並非矯枉過正地要你像在遵守宗教的清規戒律般戒慎惶恐，但在支出的當下或是支出之後發出這樣的質疑，久而久之，必然會在你的荷包開口形塑一層「守門機制」（gatekeeper），讓錢財不會在不知不覺間與你揮手告別。

培養收支管控的習慣

除了檢視收支之外，切實進行收支管控才是理財的重頭戲。在決定理財或者制訂理財計畫前，要客觀地預估自己以及家庭一年的主要開支，這樣可以幫助你更加合理地規劃理財目標，據此編制資產負債表、年度收支表和預算表等一系列計畫，如此就能做到有的放矢，更完善地指導理財。

一、養成記帳的好習慣

記帳是最原始同時也最有效的一種理財手段。雖然它不具備積極的「開源」功能，但卻能在無形之間形成一道「節流」之牆，防堵無謂的金錢流失。平日養成記帳的習慣，不僅可以清楚自己的花費情況，還能及時了解需要是否得到適當的滿足。

記帳不能率性而為，必須清楚標明日期、收入項目和支出項

目，並且分門別類地記錄下來，類別不要過於瑣碎也不要太廣，一般以不超過六類最為理想，例如分成食、衣、住、行、育、樂等。紀錄金額之外，並以簡要文字註記，記錄來源或用途，最好的方法是附加「評鑑記號」，這筆支出是否可以省略？是否超過理想值？將「出問題」的開銷標示出來。總體來講，培養記帳習慣，可以定期匯總、分析家庭現金流出方向，控制彈性支出，杜絕奢侈浪費，替接下來的消費計畫制訂提供依據。

二、品味生活從省錢開始

有「經營之神」稱號的台塑集團創辦人王永慶，手擁傲人財富，卻終生節儉，一輛老車開了二十年；因與兒女經常相隔異國，彼此聯絡都透過信件而不打越洋電話；肥皂用到剩下一小片，仍黏到新肥皂上繼續使用；喝咖啡倒奶精的時候，往往把咖啡倒回奶球中，以免奶精殘留浪費……。

勤儉持家是中華民族的傳統美德，從春秋時期的孔子「奢則不遜」，到今日全國推動的「節能減碳」，都能看到這種美德的號召力。勤儉雖不一定能致富，但是驕奢必然不可能致富，即使好運眷顧發了橫財，也可能在頃刻之間被揮霍而盡。

以下是日常生活中幾方面的簡易省錢攻略：

• 飲食省錢學問

——盡量自行烹飪，減少外食。食物的成品比原料要貴上許多，且含有許多保鮮或加味的添加物，較不健康。

——注意各式優惠訊息,有購物需要時參與「團購」,可節省不少開銷。

——「注意」各式優惠訊息。優惠有時反倒會開發人購買不需要物品的慾望,反而比原先預想的花得更多。

• 穿衣省錢學問

——慎選購買時機。新款上市往往價格驚人,但是沉住氣慢慢等待,到了季末就會開始降價打折。

——某些顏色的衣服較為「合群」,可以與其它各色進行合宜的搭配,例如黑色;有些顏色則較為「孤傲」,若非特定的顏色,相搭則頗為突兀。衣櫃裡有這類「容易搭配」的服飾,就可以營造豐富感,自然降低購買數量。

——購買生命週期長的服裝。每年都有不同的流行風格,有些風格較為獨特,若一過時再穿就顯得可笑;但有些風格則經典恆存,例如格紋,這種衣服則可以長期利用。

• 購房省錢學問

——考慮選購郊區的房產。郊區的價格有時甚至低於市中心一至三倍左右。況且隨著交通運輸網的輻射與擴張,越來越多郊區被納入都市生活圈,大大縮短兩者之間的距離;加上郊區美好的環境,選擇郊區房產無疑是明智之舉。

——人工湖、人工水景等景觀的維護成本很高,因為水域若不經常更新,常引發衛生問題。若堅持需要造景,可以種植花草等綠化方案取代。

——選擇購買時應避開那些附設超市、餐廳、美容院等店家

的社區。這些設施會讓社區價格提高，卻不見得節省了多少路程。

- 旅遊省錢學問

——以小吃代替餐廳，不但可以省下大把鈔票，也可透過品嚐風味小吃，更加融入當地的飲食文化。

——選擇淡季出遊。旺季時旅遊資源和各類服務因供不應求而價格上漲，淡季旅遊則往往有許多促銷優惠可享。

——除了極具紀念意義的商品外，購買前必須衡量自身的需求，因為旅遊景點的販售價格往往高出其它同類產品許多。

三、理性消費不可少

日常生活中大多數人的購物型態都是「感性消費」，即隨心所欲地購買當下想要的事物，或看見某樣商品外型順眼、價格迷人則急於擁有。這種個人生活方式的自由選擇，並不值得非難，然而若有意替未來的致富鋪路，理性消費則是一劑不可或缺的處方籤。

首先，理性消費的眼光必須放遠。

有些當下想要的事物，派上用場的時機並不高，不敷應付的價格支出；或是壽命不長、易退流行、更新或補充的價格高昂等，這些可預見的未來開銷，都應該納入現下消費的考量之中。

其次，理性消費必須「勤快」：勤說、勤算、勤學、勤看、勤跑。

「勤說」即是指砍價，「勤算」即是指要善於計算，「勤學」

即是指從熟人、網路、雜誌等多方途徑學習新的消費技巧及理財知識，「勤看」就是指多加吸收促銷優惠的訊息，以及各種商品的發展趨勢，「勤跑」顧名思義就是指購物要貨比三家。

第三，理性消費必須擁有對「價廉」的靈敏度。

隨著網路普及，網路購物省下不少交易手續，因而常有可親的價格供君挑選，但也需負擔「看不見的風險」，例如許多網路拍賣商品的實品和照片落差甚大等。除此之外，網路上有極其浩繁的英語學習資源、報章雜誌或書籍全文等，在合法的範圍內都可進行合理的利用，不需花費大把銀子上補習班或買書囤藏。

理財規劃的第一步

理財是個人或家庭達成某種財富上的理想目標，將自身所擁有的各種資源投入到金融或非金融領域，使錢財保值或增值的過程。理財目標是整個理財過程的起點，只有擁有合理的理財目標，才能在爾後的理財過程中事半功倍，從而保持理財的高效與高利，因而必須制訂一個合理的理財目標。

一般言之，合理的理財目標具有以下特徵：

一、設定目標時程

如果你為自己制訂的目標是「擁有一輛高級轎車」，但是卻到了六十歲才擁有這輛夢寐以求的車，此時它對你的意義是否仍然不變？或者已遭貶值？所以當我們制訂理財目標時，

一定要設定明確的目標時程。

二、正確估量自己的能力

當我們在確立目標時，應當考慮符合投資者能力和市場環境的要求，預期的目標須在一定條件下達成才有意義。「在最短時間內達到最高的增值效果」經常需要各方面條件的同時配合，若設定這類不切實際的目標，反而失去設定目標的意義。

三、採取量化目標

如果設定的目標為「在兩年內購買一棟房子」，但市面上的房屋售價差別甚大，所以即使同樣是幾房幾廳的房子，價格和品質也都有極大的落差。此時的目標設定則應該修改成：「在兩年內買得起一棟價值六百萬的房子」，這樣就呈現了更清楚的努力方向。所以目標必須量化，而且往往是用貨幣單位來衡量。

總之，合理的理財目標應該「可望亦可及」，雖然有一定的難度，但經過努力絕對可以實現。

評估可以承擔的風險

任何投資都會有風險，正視並預測風險，做出科學分析，對金融產品透徹了解，對投資舉動量力而為，是我們從事理財活動之前的必備工夫。

投資理財中投資者面臨的各種風險包括：

一、市場風險

市場風險反映在一系列市場參數的波動之上，這些市場參數

包括利率、股票指數、匯率等。這種不穩定性以市場波動性計量。為反映市場工具的市值變動情況，需要把波動性與靈敏度結合起來考慮。靈敏度反映市場參數的一定變化對該工具市值的影響程度。同時使用市場參數的波動性和市場工具的靈敏度，便可量化市場價值的變動情況。控制市場風險，是指把給定的資產負債組合的價值波動，控制在指定的範圍內。

二、利率風險

利率變化會直接影響金融資產的價格。如果利率上升會產生以下效果：

一是資金流向變化。利率提高，會吸引社會資金進入間接融資渠道，由於風險較大等原因，進入直接融資市場的資金會減少，股票市場需求減少，股價也隨之下跌，基金價格也往往下跌。

二是公司利潤減少。利率提高，使公司貸款成本提高，利息負擔加重，利潤減少使股票價格下降，引起基金價格下跌。

三是投資者評估股票和其它有價證券的折現率會上升，從而使股票價格與基金價格一起下跌。

利率下降，則會產生相反效果，使股票價格和基金價格一起上升。

三、匯率風險

由於國際分工的存在，國與國之間產生頻繁的貿易和金融往來，並且成為促進本國經濟發展的重要動力。外匯匯率的波

動，會為從事國際貿易者和投資者帶來巨大的風險。在國際貿易活動中，商品和勞務的價格一般是用外匯或國際貨幣來計價，目前大約百分之七十的國家用美元來計價。但在實行浮動匯率制的今日，由於匯率的頻繁波動，生產者和經營者在進行國際貿易活動時，就難以估算費用和盈利。這就是匯率波動帶來的風險。

四、信用風險

信用風險是指以信用關係規定的交易過程中，交易的一方不能履行給付承諾而造成另一方損失的可能性，比如購買企業發行的債券等，就需要承擔相應的信用風險，如果這個企業發生違約、破產等情況，投資者就會蒙受損失。

五、流動性風險

流動性即在不受損失的情況下將您的投資轉變為現金的能力，兌現損失越少、兌現所需時間越短，該投資工具的流動性越強。如果在市場價格等條件不利的時候不得不兌現您的投資，那麼也不得不承擔一部分的損失。

六、通貨膨脹風險

隨著景氣波動，物價狀態也會擺盪不定。由於物價的上漲，同樣金額的資金，未必能買到與過去同樣的商品。這種物價的變化導致了資金實際購買力的不確定性，稱為通貨膨脹風險，或購買力風險。由於投資的回報是以貨幣的形式來支付，在通貨膨脹時期，貨幣的購買力下降，也就是投資的實際收益下降，將給投資者帶來損失的可能，損失的大小與投

資期內通貨膨脹的程度密切相關。

除了風險本身有別之外，每個人由於家庭財力、學識、投資時機、個人投資取向等因素的不同，其投資風險承受能力也會相異。同一個人也可能在不同的時期、不同的年齡階段及其它因素的變化，而表現出對投資風險承受能力的不同。

不同風險承受能力的投資者共有以下幾種：

一、保守型投資者

此類型的投資者以保護投資本金不受到損失為主要目的，他們對投資的態度是保持投資收益安全穩定，對於透過高風險來換取收益的投機行為，保守型投資者一般都不會考慮。因為他們投資的重點不是為獲得資金的大幅增值，而是期待穩健的財富提升。其特點為：本能地抗拒冒險、不抱碰運氣的僥倖心理、通常不願意承受投資波動對心理的煎熬、追求穩定的報酬。

二、中庸型投資者

此類型投資者都渴望獲得較高的投資收益，但又不願承受較大的風險；他們可以承受一定的投資波動，但是希望自己的投資風險小於市場的整體風險，因此希望投資收益長期且穩步增長。其特點為：有較高的追求目標、對風險有清楚的認識、通常不採取激進的辦法達到目標，而會試圖尋求相對妥協、均衡的方法。

三、進取型投資者

此類型的投資者經常野心勃勃、洞見過人，對於未來懷抱遠

景，並且會用積極的手段達成。他們追求投資成本最大化的增值，也有能力承受大幅波動帶來的風險，並希望以此換取資金高成長的機會。進取型投資者為了最大限度地獲得資金增值，常常將大部分資金投入風險較高的品種。其特點為：極富自信、追求極度成功、常常不留後路、行為積極、不惜冒失敗的風險。

洛克菲勒曾說：「終日疲於奔命，哪有時間賺錢？」

這句話或許有些微弔詭，有些人會忿忿地辯稱：「我終日疲於奔命不就是為了賺錢嗎？」然而，這就是一般人與富豪之間「賺錢」思維層級的差距。一般人的賺錢就是「幾分耕耘，幾分收穫」，想賺錢就必須利用疲於奔命來交換。這種腳踏實地的想法值得鼓勵，但這並非賺錢的真諦。賺錢，絕對有更為睿智的方法。

撥挪少許用來「疲於奔命」的時間，從事以上檢視與管控收支的工作，就是洛克斐勒所謂「花時間賺錢」。真正的賺錢應該讓勤奮與智慧完美融合，理解自己真正的定位與步調，將來在致富之途的跑姿，才會更加穩健與優美。

生財 **2**

爲自己發薪——儲蓄

英國詩人塞繆爾・詹森（Samuel Johnson）曾說：「既花錢又存錢的人是最滿足的人，因爲他同時擁有雙份快樂。」

全球投資先驅兼億萬富翁約翰・坦伯頓爵士（Sir John Templeton），十九歲時就與夫人作出協議，將月收入的百分之五十存起來，即使當時他的收入微薄。

有「股神」之稱的華倫・巴菲特（Warren Buffet），雖以投資眼光著稱，但他維持鉅富的秘方卻是：「儲蓄，投資，再儲蓄，再投資。」

有許多成就非凡的知名企業家如：偉納・馮・西門子（Werner Von Siemens）、費迪南・保時捷（Ferdinand Porsche）、卡爾・朋馳（Karl Benz）、亨利・雀巢（Henri Nestle）……，都是以儲蓄作爲投資本錢的顯例。空是儲蓄當然無法導致他們今日的鉅富，然而沒有儲蓄，今日他們恐怕也無法英雄得志。

　　沒有人會只因為收入高而晉升富豪階級。單憑高收入並不確保「擁有」，更不確保它能在你的生活中產生實質且有利的改造。改造的重點在於理性消費，已於前節述及；擁有的重點，則在於「儲蓄」。

　　儲蓄是最傳統的基礎理財方式，雖然它不若其它五花八門的理財工具一般，擁有更高的門檻，且能帶來更高額的利潤；懂得儲蓄，並不見得擅長理財，但不會儲蓄，別說你懂得理財！

儲蓄理財的利與弊

　　儲蓄是存款本金安全性最高的理財手段，同時也是收益最低的理財方式，還會受通貨緊縮／膨脹與利率變動的影響。但是，儲蓄仍然是我們的重要理財渠道，只是在儲蓄的同時，必須釐清這種理財手段的利弊：

一、儲蓄理財的優點

1. 安全性高

郵局或銀行儲蓄的安全性具有充分保證，本金和利息幾乎不會產生任何風險。

2. 便捷性高

幾乎所有的儲蓄都可以立即兌現，而且隨著自動提款機的廣設，出門幾步就可以立即將帳款轉為現金，便於急用或平時花用。

3. 門檻最低

與其它理財方式相較，儲蓄的操作流程相對來說簡單得多，

所需要的專業知識也相對較少。

二、儲蓄理財的缺點

1. 收益較低

儲蓄的唯一收益就是利息，而且利率非常低，幾乎不可能憑此獲利。

2. 種類選擇不當會導致存款利息少

有許多儲戶為圖方便，將大量資金存入活期存款帳戶，但活期存款是按活期存款利率計息，利率很低，如果儲戶又將錢長期留存在此，利息損失可想而知。

3. 出現負利率情況

負利率，指的是「物價上漲率」（消費者物價指數年增率）高於「名目利率」（一般銀行的利率），以致「實質利率」為負值。（根據費雪方程式，實質利率＝名目利率－物價上漲率）負利率會削弱貨幣購買力，此時將錢存在銀行，不但沒有利息，連本金都會遭到啃蝕。

4. 提前支取定期存款，將導致利息減少

存款若提前支取，利息只能按支取日的活期存款利率支付。如此一來，存款人若提前支取未到期的定期存款，就會損失一筆利息收入。存款額越大，離到期日越近，提前支取存款所導致的利息損失亦越大。

認識儲蓄的種類

儲蓄並不只是將錢匯入帳戶的單一手續，它也發展出許多不

同的形式，包括定期存款、活期存款、整存整付、零存整付、存本取息……等方式，而且不同的儲蓄方式會有不同的利率，所以一定要結合自身的情況選擇最適合自己財務所需的儲蓄方式。以下即為幾種常見的儲蓄方式：

一、活期儲蓄存款

這種存款方式最為普及，適用於一般日常開支，可以將錢從銀行提取或存入，靈活機動、適應性強。值得注意的是，由於利息低，這種儲蓄並不適合長期大額的款項。

二、整存整付定期儲蓄存款

一次存入一筆金額，按月複利計息，中途不能提領利息，到期後才能一次提領本息，為利息最高的存款方式。不過存款期限不能低於一年。

三、零存整付定期儲蓄存款

分成多次進行存款，每隔一段時間固定存入一筆錢，期滿則可一次領回。此種方式會比定期儲蓄存款稍低，好處是不必一下子掏出大把金額，又可強迫自己儲蓄；壞處則是在期滿之前不見得每次都有錢可以存。

四、整存零付定期儲蓄存款

和「零存整付」相反，整存零付是一次先存入一大筆金額，再按月領取本金加利息。這種存款方式適合退休人士，可先將退休金存入銀行，然後按月領取本金、利息作為生活費用。

五、存本取息儲蓄存款

先在銀行存入一筆金額，每月領取利息，到期後再領回最後一期的利息和本金，此法也適合退休人士，但存款取息方式是以單利計算，財富累積速度較慢，不適合一般上班族。

不同的存款種類適合不同需求的族群，辦理存款之前應深入了解各種定存種類的特色，以挑選最適合自己的存款方式，為自己帶來較大的收益。

開啟儲蓄規劃

古語有云：「凡事豫則立，不豫則廢」。儲蓄並非隨機為之，而必須先做好完善的財產比例調配規劃，決定儲蓄的多寡，也才能預先評估從儲蓄當中獲得的收益，在未來可作何種利用。要實施良好的儲蓄規劃，還要掌握一定的方法與技巧：

一、明確存款的用途

簡單來說就是為什麼存款。只有清楚為什麼要存款，才能制訂出適合的儲蓄規劃，做到「對症下藥」，準確地選擇存款期限和種類。

二、選擇正確的存款時機

換言之，也就是存款利率高的時機。若不當地在利率低時進行存款，反而會釀成得不償失的後果。

三、明確存款期限

期限必須根據用途合理推算，因為如果存期過長，萬一遇到急需，辦理提前支取會造成利息損失；如果過短，則利息過低，難以達到保值、增值的目的。

四、選擇適合的銀行

首先要考慮安全問題，選擇信譽度高、規模較大的銀行機構。其次還要考慮存取款是否方便、銀行營業據點的多少。最後從儲蓄功能的角度選擇，如今許多金融機構除辦理正常業務外，還可以辦理繳納電話費、水費、瓦斯費及購買火車票券等業務，帶來不少便利。

聰明儲蓄的訣竅

有些人試圖養成固定儲蓄的習慣，但卻很難長期堅持。原因可能在於撥付太多的金額用於儲蓄，以致於造成自己的過重負擔；或是在於收入改變、環境改變等情況讓最初的考量無法永續發展。為了讓儲蓄如同空氣一般與我們密不可分，不妨發明一些幫助自己儲蓄的祕訣，例如：

一、開設特殊帳戶

專門開設一個用來存款的帳戶，每個月固定存入或匯入固定的金額，保留存簿隨時刷摺欣賞成果，但須把提款卡束之高閣，以免因過於便利而忽視了當初的堅決。這個特殊帳戶絕對不要動用。

二、加薪當成沒加

想像你在加薪之前，早已習慣某種額度的生活水準，因而加薪的額外加給，並不影響平時的生活。有許多隨著賺更多的錢而養大胃口的前例，與其把加薪耗費在基本生活需求以外的用途，不如直接匯進特殊帳戶裡，以備不時之需。

三、找出「拿鐵因子」

全美首席理財大師大衛‧巴哈（David Bach）提出「拿鐵因子理論」（Latte Factor），指稱那些不必要的「固定經常性開銷」，例如付了會費卻很少前往的健身俱樂部、每天必喝的拿鐵咖啡或必抽的七星菸等等。這些固定的小錢聚沙成塔、涓滴成河，若能把這些小錢都一一加入記帳簿，到了期終發現它們對荷包的消瘦難辭其咎時，就會開始對這些少有留意的習慣有所改變。

節儉是受用不盡的財富

美國銀行家摩根（John Pierpont Morgan）每次到底特律住宿旅館，都是住一百美元的普通套房，服務人員奇怪地問：「你的兒子每次來都是住五百美元的總統套房，先生你怎麼卻住一百美元的普通套房呢？」

摩根回答：「因為他的父親是摩根，而我的父親只是一個書記員，每月收入只有八百美元，我如果住總統套房，會讓他破產的。」

也許受書本、電視和電影等大眾傳媒的影響，人們一直對富豪們的奢靡生活深信不疑，直覺認為他們會一擲千金，購買豪華遊艇，住在有上百個房間的別墅，全身上下穿的全是名牌。賺了錢必然要享受，但是，富人們在消費上的謹慎卻往往像摩根一樣，對每一分錢都惜若珍寶。這種特質在白手起家的富豪身上往往更為常見。他們的節儉正是他們從社會弱勢晉升為經濟優勢的

重要因素。

對於富豪而言的「節儉」，經常被另一個詞彙「吝嗇」所替代，然而這兩個詞彙之間卻是天差地遠。節儉的真正含義是：當用則用，當省則省，也就是說，花費要恰到好處，盡可能利用儲蓄節省目前用不上、但未來可能用得著的資源；但吝嗇的含義卻不同，它是指當用的不用，不當省的也要省，這就違背了儲蓄的真諦。

英國著名文學家約翰・羅斯金（John Ruskin）說：「通常人們認為，節儉這兩個字的含義應該是『省錢的方法』。其實不對，節儉應該解釋為『用錢的方法』。也就是說，我們應該怎樣去購置必要的家具；如何把錢花在最恰當的用途上；怎樣安排在衣、食、住、行、育、樂方面的花費。總而言之，我們應該把錢用得最為恰當、最為有效，這就是我們所謂『精打細算』的節儉。」

在儲蓄的過程中，難免會面臨些許掙扎，例如當受到某些消費的誘惑時，就想要動用既有的存款。這並不意味著拋棄了節儉的美德，只是人性最基本的表現。然而，既然經歷了這麼多準備儲蓄的規劃與準備，一次的「破戒」，就等於容忍數次的「出軌」。節儉本身，就是一世受用不盡的財富，按捺偶爾的「精神出軌」，堅持節儉品德，就會發現帳戶裡的財富果真越來越豐裕。

3

生財

生財有道——股票、基金

賺錢霸主：股票

許多人對股票的印象都是「高風險」，新聞裡反覆出現的畫面也是群眾在紅綠閃爍的螢幕前哀聲嘆氣。然而這種認知只停留在片面的想像，事實上，如果想要短期致富，絕對不可能少了股票。

保守的投資者往往不願意接觸股票，然而即使同處股票市場上，還是有保守型與積極型投資者的區別。只要嫻熟投資市場法則，擁有先見之明，押對了寶，也能像縱橫股海幾十年的「股神」巴菲特一樣，獨得若有神助的賺錢神力。根據美國《Forbes》雜誌調查，他已於二〇〇八年超越比爾‧蓋茲成為全球首富。正是澎湃的股海巨浪將他推至巔峰。

商業活動發展初期，資金多半由個人獨立出資或是數人分攤；隨著科技演進等時代遷移，許多新興行業需要更大的資金投

注，相對的獲利也更為誘人；另外人們也發現當大批購買時，總價會上升，但單位成本會降低。基於以上原因，由多人合資，甚至向大眾募集資金的企業於焉誕生。

企業產生後，問題隨之而來。公司獲利之後，必須按比例分給股東，若是股東為數不多，或者所有股東都投資一樣的錢，分配尚且不難處理；但若股東有數十人甚至數百人，大家投資的金額又彼此不一，那怎麼分呢？

這就成了「股份」（Share）發明的起始點。將資本先等分成許多「單位」，計算每個「單位」可以得到多少利潤，再以股東個別的投資金額乘上倍數，就是他應得的紅利，後來逐漸型式化、規範化之後，就出現了「股票」。

股票是有價證券的一種，是公司持股人的所有權憑證，因為具有極高的流通性，兌現容易（非例假日皆會開盤，且手續簡便），因此廣受一般大眾及法人的喜愛。當你取得某家公司的股票時，就成為這家公司的股東；公司賺錢時，擁有的股票越多則越賺錢，反之，公司賠錢時，擁有的股票越多，賠得也會越慘。

投資股票的風險

投資股票可能產生的風險可分成以下幾個種類：

一、市場風險

起因於國內政府的政策變動或選情變化、國際金融環境的局勢變化，或是天災、戰爭等人為／非人為的外在環境因素，而對股價造成影響。例如波斯灣戰爭、民國七十七年財政部

開徵證券交易所得稅、以及每年選舉前後等，股市都會產生相應的變化。

二、經營風險

因發售股票的企業本身經營不善，如人為的方針錯誤、財務問題或受到整體景氣影響業績等，使得公司股價下跌。

三、利率風險

因市場利率波動，使得股價隨之發生變動。

四、流動性風險

股票價格乃由自由市場的供需機制決定，所以成交量較多、買賣較活絡的股票流動性較高、市場性較佳；反之，流動性較低的股票，每日成交量少，價格變動不易延續，風險因而較高。

投資股票的必備資金

上市公司與上櫃公司的主要差別在於，前者審查資格較嚴謹，資本額、成立年限和股東人數門檻較高，且必須在集中交易市場買賣，不得進行場外交易；後者則在櫃檯買賣市場交易。無論何者，臺灣上市上櫃的股票交易，都是以一張股票一千股為單位。

買賣股票時主要以股票的市價計算，看盤時股票的「成交價」就代表股價。除了基本股款之外，還必須另外支付手續費、證交稅等等。買進時手續費為股價乘以千分之一點四二五，但每筆成交手續費不足二十元者，以二十元計。賣出時除了手續費，還須

加上千分之三的證券交易稅。

範例一：

若購進○○公司的股票一張，成交價為 10 元，則須支付：

股款：10 x 1000=10000

手續費：10000 x 1.425 / 1000 = 14.25（不足 20 元以 20 元計）

總計：10000 + 20 = 10020

範例二：

若賣出╳╳公司的股票一張，成交價為 10 元，則可獲得：

股款：10 x 1000 = 10000

手續費：10000 x 1.425 / 1000 = 14.25（不足 20 元以 20 元計）

證交稅：10000 x 3 / 1000 = 30

總計：10000 - 20 - 30 = 9950

　　了解了股價的計算方式，就可大致評估自己要攜帶多少資本進入股票市場。不同的企業間股價亦是大相逕庭，因而投資前要做好功課，仔細去了解打算要投資的個股，並明確自身的財富狀況。

十條關於股票的金科玉律

　　對股票有了基本認識之後，還需要熟稔以下十條金科玉律，以對股票交易產生信任，並釐清先前對股票懷抱的錯誤認識，將股票重新考量為致富幫手的一員。

規則一：月有陰晴圓缺

　　俗話說「三十年河東，三十年河西」，用來譬喻世事無常，

股市自然也不例外。股市的暴跌與回升，完全依據市場機制，超乎人為掌控，也在這樣冒險的過程當中，有人一舉致富，也有些人落得血本無歸。面對這樣的市場波動，應該把握「悲觀時進場、樂觀時出場」的原則，逢低買進、買低賣高，就會穩賺不賠。

規則二：將欲取之，必先與之

永遠不要將短期內可能需要的資金投入股市。如果股市低迷而你又需要用錢，從而不得不賣掉手中的股票，你只會平白遭受損失。進行投資必須保留二到五年的時間待價而沽，讓股市自身的規律發揮作用。

規則三：至少買五種不同的股票，但不要超過十種

基於分散風險的緣由，你應當至少投資五種不同的股票，每種股票源自不同的行業和國家，增加賺錢機率。但也不要同時持有十種以上的股票，除非你早練就一身投資絕學，否則這些購股費用可能都是浪費。

規則四：賣掉股票以後，盈虧才能論定

即使手中的股票價格跌至谷底，也不意味著你已遭受損失，反而是在此時你真的有賣掉股票這個動作，才會導致虧損。無論哪一種投資，都必須把眼光放遠，莫因一時的「失」，放棄將來蠢蠢欲動的「得」。

規則五：利潤來自股價上升和紅利

股價上升時賣掉股票，就可以獲得利潤。即使繼續持有，如果公司派發紅利，也能夠獲得利潤。上市公司獲利時，會保

留一部分利潤作為儲備，其餘部分以紅利形式派發給股東。如果你想享受分紅，就應當投資儲備充足且經常獲利的大公司。

規則六：崩盤自有妙處，你可以趁機低價吃進

在股市危機中反其道而行，往往需要高度自信與堅決意志，但回報常常也是驚人的豐厚。只有驚慌失措地賣掉手中的股票，崩盤才對你不利，你只需堅守陣地，靜觀其變。股票不出手，你就不會遭受損失。

規則七：不要盲目跟進

許多股民因為自己欠缺「緝捕」潛力股的眼光，往往人云亦云，聽到他人放出股市正逢良機的談論時，才敢放手跟進，然而到了這個時局往往為時已晚。

規則八：理性決策，避免感情用事

不要盲目依靠「感覺」，而要仔細權衡利弊，盡量多方了解有關公司的情況、研究公司過去的股價發展、考慮其價位的未來發展趨勢。「功課」做得夠多，就有可能看出旁人忽略的關鍵。

規則九：以現有資本投資，絕不可借貸入市

只有在可能的損失不致於影響到生活的前提下，才可以投資股票。為了入市而借貸過於冒險，如果遇到股市長期低迷，則必須「以債養債」，宛如陷入一場無法脫身的賭局。

規則十：股票總是勝過貨幣

原因在於通貨膨脹。如果是現金，貨幣的價值會因通貨膨脹

而減少。因為物價上漲，十年前的同一筆錢在今日，已經不能買到與當年同樣的貨品。通貨膨脹會不斷抬高價位。

通貨膨脹雖然損害幣值，卻使股票受益匪淺。股票是一個公司的份額，即動產和不動產的份額。如果物品變貴（通貨膨脹）時，股票的價值必然上升。

進入股票市場前的自我評估

也許在看清股票的「盧山真面目」之後，躍躍欲試的人會越來越多。然而理解與嘗試之間畢竟還隔著一道拱橋，要不要跨上去必須等待你冷靜地「捫心自問」。在決定踏進股票市場之前，依據下方列出的問題，嚴格地自我檢視一番：

一、你是否有足夠的現金？

在你手頭持有的現金當中，只能將一部分現金用於股票交易，以確保不影響你的日常生活。現金的額度是維持基本家用的「保命符」，也是最必須謹守的最後一道防線。

二、你是否具有自律的特質？

股票市場像一片神鬼莫測的海洋，可能風平浪靜，也可能暗濤洶湧，在這樣的環境中，你必須摒棄情感而倚重理智，必須有敏銳的觀察力與沉穩的耐性，並且有良好的情緒智商，不會因一時的失敗而嚴重受挫。

三、你是否對股市懷抱一定的樂趣？

操作股票必須投入時間，因此它必須為你帶來足夠的樂趣，使你樂於投入必要的時間。如果只是希望從中獲利，卻對整

個操作過程興趣缺缺，那就無法投入而深層地對市場進行分析。

四、你是否為自己留有後路？

絕對不要把安身立命的老本投入股市。在進入市場之前先設想「如果失敗了如何抽身」，如果連抽身之途都遍尋不著，股市對你而言可能會是座充滿艱險的迷宮。

來自投資前輩的叮嚀

美國華爾街的傑出基金經理人葛林布雷（Joel Greenblatt），在過去的二十年間，讓他創辦的 Gotham Capital 公司，創下了年平均百分之四十的高投資報酬率。他的祕訣在於，利用「盈餘報酬率」和「資本報酬率」兩個指標，研究出一套公式，從美國三千五百家企業中篩選出最好的標的來投資，創造出優異的績效。

擁有高資本報酬率的公司，營運能力超群，且能把部分利潤再進行轉投資，創下更高的資本報酬率。選定這種「對」的公司，就是獲利關鍵。

花旗投顧副總裁王進彰則提出「鐵路理論」。他認為，新興市場就像建築鐵路，當下的商機來自新興市場本身，也就是蓋鐵路的商機。但是等鐵路蓋完之後，受益最大的往往是鐵路沿線的車站和周邊商家，也就是和新興市場互有來往交易的人。例如對投資中國躍躍欲試，卻又懼怕風險過高的話，則可以轉而投資因中國市場受益的日、韓、臺、美等國。

華倫‧巴菲特的「股神」之譽絕非溢美之辭，他的高超選股

眼光無人能及。例如他曾用五點七億美元，陸續購入三百四十八萬股韓國浦項鋼鐵的股票，直到其市值高達一點五八億美元，成長幅度暴增一倍有餘。

然而巴菲特絕非幸運之神的獨寵，他的成就完全出自他審慎冷靜的情勢分析，將一間企業做徹頭徹尾的全面體質檢驗，從來不冒險投注那些陌生的股票。以下有八大巴菲特選股的投資法則：

一、必須是消費壟斷企業。

二、產品簡單易於了解、充滿發展前景。

三、有穩定的經營歷史。

四、經營者理性忠誠，始終以股東利益為優先。

五、財務狀況穩健。

六、經營效率高、收益良好。

七、資本支出少，自有資金流量充足。

八、價格合理。

除此之外，《美國新聞與世界報導》也曾揭露巴菲特獨創的「六大投資心法」：

一、不做賠本生意

「投資的第一法則就是不要賠錢！」巴菲特歷經數十年買股生涯，最值得驕傲的並非他奪下了全球首富的寶座，而是他從來沒在股海的浪濤之間不慎翻船。

二、不要陷入盈餘迷思

每股盈餘（EPS）不是判斷公司財務的重點標準，股東權益

報酬率（ROE）才是。因為前者並無法反映股東曾經投資了多少，後者卻能用來衡量企業獲利能力，也就是股東可以獲利的機會如何。

三、判斷未來發展性

檢視一家公司的前景如何，是巴菲特考驗其企業體質的關鍵重點，參考指標則為企業實質價值（Intrinsic Value）。

四、放眼有「經濟護城河」的企業

有「經濟護城河」的企業往往能源遠流長，不斷開發新的競爭優勢，進而降低投資的風險。科技股汰舊換新的速度太快，因此必須審慎而為。

五、勇敢下注大籌碼

大多數投資人都採取分散策略，但巴菲特卻採集中投資方式，原因在於他長年累積的精準目光，只要集中操作，就有極大的可能正中紅心。

六、不要害怕等待

「在遇到真正的好球之前不要揮棒」，是巴菲特的投資哲學。他寧可繼續觀望，也不擅自冒險，正是他既大膽又謹慎的人格特質，鑄造了他為人稱羨的地位。

致富軍師：基金

國內基金風險一般較股票為低，因而成為許多中等收入民眾的首選。雖然基金與臺股之間連動性高，仍然會受到臺股波動的影響；但由於基金本身的特性，使得買基金不若買股票那般容易

大起大落。

基金投資是由投信公司發行,在市場上進行募資後,再由專業基金經理人代為操盤。基金的投資標的為多支股票,具有分散風險的作用,因而一般認為比股票風險來得低,但基金本身也有多種主題類型,例如債券基金、黃金基金、小型企業基金、指數基金……等等,彼此之間的風險和獲利性仍然相差甚大,不可一概而論。

由於基金形式甚多,在此僅討論股票基金,因為它具有優秀投資工具的五項特質:

一、安全:一個基金持有多家公司的股票,流向每一家公司的錢只占你投入資本的一部分,從而理智地將風險分散各處。

二、便捷:經由專業基金經理人代為操盤,調查與分析各家公司並做出決策,不若購股股民必須自行負擔這些工作,而且只須付出極低的費用。

三、易支配性高:不受合約期限的約束,可以在任何一個股市交易日進行交易手續,而且能夠得到全部股份的現值。

四、收益高:過去的五十年間,有許多基金的收益在百分之十二以上。

五、稅率低:由於股價變動帶來的利潤是免稅的,基金亦同,只有少部分的紅利必須納稅。

買基金也有風險

　　然而基金投資並不值得趨之若鶩，它就像任何一種投資工具一般有利有弊。

第一，基金投資獲得的佣金極少。

　　因為佣金不多，基金經理人不見得願意付出專業管理投資人的血汗，何況基金經理人與投資人往往非親非故，這種委託關係在沒有高額報酬的前提下，難免令人膽顫心驚。

第二，買基金仍然有賠錢之虞。

　　有許多「退股票而求基金」心態的投資者，誤以為買基金萬無一失，絲毫沒做好賠錢的心理準備。基金的賠幅雖然不致於傾家蕩產，但是在沒有老本的前提下，讓人走投無路的威力也不在話下！

第三，許多人喜歡買便宜的基金。

　　就跟股票一樣，跌到低點的基金不一定可以「跌深反彈」，挑選投資對象的時候不能只以價格為唯一考量，能不能賺錢才是重點。

第四，不能一窩蜂地爭搶明星基金。

　　明星基金若是因為眾人有口皆碑的績效，風險可能會相對較低；然而須注意該明星基金是否經過基金公司炒作或宣揚，這種空有名氣的基金並不保障表現的優劣。

第五，「重押」或「單押」仍是大忌。

　　一次把雞蛋放在同一個籃子裡，不管在哪種投資領域裡都相當致命。當發現押注的目標「財相」不佳，就應該懂得適時

抽手——當然不是立即抽手——，不要在同一個陷阱不斷地
絆倒。

投資股票基金的五個建議

一、勿輕易受報紙報導的影響。

炒作是媒體的天性，媒體炒作經常會影響整體群眾的行為走
向；如果你能避免成為其中一員，就可免除不少因從眾行為
而做出的錯誤決定。

二、高潮與低潮都必然存在。

認清市場的變動無常，不要輕易被低潮嚇退，也不要輕易在
低潮期間進行拋售；應該耐心等待低潮之後的漲潮。

三、避免不必要的跳槽費用。

如果不停地從一個基金「跳槽」到另一個基金，就會產生這
樣的花費。只要尚未實現投資目標或時間還沒超過五年，就
應當繼續持有這支基金。

四、不要急著確認損益。

投資在基金身上的錢會不斷流動，急著確認損益毫無意義，
而且會影響自身的理財情緒。

五、投資經濟高速增長的市場。

經由細心的觀察，不難發現哪個市場的經濟成長速率高，自
然也不難推估該市場的有價證券會以更高的速度升值。

另闢蹊徑──投資與借債

別讓金流成為死水

　　財富也有生命，市場就是它賴以維生的空間。血脈不流通，人會死亡；資金閒置，同樣會變成死錢。企業的活力在於不斷地發展，資金的生命在於不停地週轉。「活化」（vitalize）金錢的最佳方式，就是透過投資，這是具有卓越財富智商（Financial Intelligence Quotient，簡稱 FQ）的人最擅長也最常用的手段。

　　試想，一顆雪球，放在雪地上不動，只會因融化而越來越小；相反，如果把它滾起來，就會越來越大。錢財亦是如此，只有在周轉中才會產生價值。

　　達一廣告執行創意總監徐一鳴，在三十歲前存下第一桶金，買下一間沒有貸款的房子。他醉心於房地產投資，專門在上海挑選符合老外口味的好房子，再進行轉租賺取租金，然後以房地產的獲利投入共同基金與股票，在三者交互運用之下賺得高出數倍

的財富。

　　寒舍創辦人蔡辰洋，於民國六十多年時投入古董收藏業，成為全臺最具規模的古董業者，並由古典藝術橫跨當代藝術領域。依據他的經驗，供給量固定的古典藝術品，價格經常不斷翻升，更甚者還會漲到二三十倍以上。

　　日本軟體銀行執行長孫正義，擁有精準的投資眼光與敢賠能賺的魄力，在雅虎還只有十六個人的時候，投資雅虎一百萬美元，後來竟以投資報酬率百分之三千的額度賺回了三千萬美元。他也曾在中國電子商務霸主阿里巴巴尚無表現之初，投資了兩千萬美元，成為主要股東；隨著阿里巴巴上市之後，市值高達兩百七十億美元。

　　聰明投資，需要兼具智慧與勇氣。正是這樣的思維與實踐，讓這些成功致富的人士得以另闢蹊徑，以更快的速度與更少的精力，達到較同齡者更為富足的境界。

借錢生錢，籌資運資

　　投資除了如前所述的股票和基金，還有房地產、藝術市場等類型之外，其實借債也可算是一種「投資」。先別急著驚訝，投資代表的通常是我們先付出一筆金額，期待它經過市場操作，進而茁長成更大的金額；而借債則是先從他處獲得一筆金額，但也同樣是借來進行市場操作，期待它透過適當的運用，不僅可以填補原有的財務缺口，還能保有餘裕，這才是借貸的最終目的。

　　身處商圈總免不了面對資金的流入流出，即使是身價非凡的

富豪，借貸也常是家常便飯。然而在華人傳統重視儲蓄的觀念中，「欠債」往往飽受汙名化。隨著現下信用卡、現金卡等借貸式理財行為越來越普及，這種觀念應該開始逆轉。

　　正如國有國債，企業負債經營也並非異數，許多企業的資金籌集，幾乎都是靠負債的方式，例如利用債券籌資，是負債經營最明顯的形式。企業還可以從銀行獲得貸款，這是企業對銀行的負債，而銀行的錢又來自客戶的存款，這又是銀行對客戶的負債。可見，負債賺錢的方法早已行之有年，而且也有可能達到「借錢生錢、籌資運資」，保障公司或個人的長久運行。借錢不只是用來急用周轉，更重要的是用來投資，借種生樹。

　　借貸可能為你帶來如下的具體影響：

一、擴大自己的資本和利潤

　　如果自己有十萬元，額外多貸十萬元，原來二成的利潤就會變成四成。如果依靠貸款去賺錢，就有更多的機會進行更大的投資。貸款的目的就是幫自己賺取更多的錢。

二、提供機會購入高價的產業

　　有時候自己欠缺能力一次購入所有貨品，有多少人可以一次就付清貨款，創業當老闆呢？一層大樓動輒幾百萬甚至上千萬，如果沒有人肯去借貸，讓置業人士逐月還清本金，試問建商興建的大樓有多少人買得起呢？有了貸款，大大刺激了不少高價位產品（例如樓房、汽車）的銷售。

三、使現金合理運用

　　人們傾向於在手邊保留現金以便不時之需，因此消費時也會

傾向使用支票和信用卡結帳。假如商家接受信用卡的話,錢包內的現金就可以用在別處,不必馬上用來支付帳單,因而得以用在更合宜與具時效性的用途。

四、提升獲利機會

假如手中的資金不足,用來投資外匯之餘,則不能投資股票。但如果兩方面的投資都潛在一個極大的獲利機會,豈不是白白錯失良機?此時透過借貸模式,就可以兼顧股匯幾方面的投資。如果一方被困,其它的投資獲利也可以用來彌補這方面的損失。「失之東隅,收之桑榆」也是散戶資金借貸投資所帶來的附加利益,可使自己的投資不會集中在單一項目之上。

然而借錢並非一種簡易單純的交易行為,它還蘊含許多借用與運用的智慧,例如講求時效──在利率高時,借錢所要付的利息就會比較多。就像使用任何其它的投資工具一般,債務也必須嚴加控管、歷經觀察分析,並且制訂合理的債務及還款計畫。

美國「世界船王」丹尼爾‧洛維格九歲時,發現一艘沉入水底的小汽船,就用自己打零工的錢,再加上向父親借的錢,湊了二十五美元,買下了這條沉船,然後把它打撈上岸,花了一個冬天修復轉賣,從中賺了五十美元。這是他第一次發現借錢的力量。

於是,到了他而立之年時,他開始向銀行申請貸款,希望能買船改裝,以賺取更多利潤,可是當時的他一貧如洗,屢屢遭到銀行拒絕。接著他只好改裝自己的一艘老油輪,以低廉的價格包

租給一家大石油公司，然後帶著租約去找紐約大通銀行的經理，說他現在每個月都有固定的租金收入，如果銀行肯貸款給他，他可以把每月的租金直接轉入銀行抵付。銀行幾經斟酌，答應了洛維格的要求。他就這樣「借用」石油公司的良好信譽獲得了貸款。

獲得貸款後，他開始購買舊貨輪，然後動手加以改裝成油輪，再將之包租給石油公司，獲取租金，然後又以租金為抵押，用貸款再購買舊船，再去改裝……。如此一來，隨著洛維格的船隻越來越多，租金也越來越可觀，洛維格的生意越做越大，從一貧如洗的窮人變身成為「世界船王」。正是他利用借貸的巧思，借他人的錢打天下，顛覆了他原先困窘的處境。

關於債務計畫的建議

有許多資金不足的小康家庭，為了過上更好的生活，往往選擇借貸，躋身有車有房的高生活水準階級，一個新的「信貸消費」時代已然來臨。然而在信貸帶來的便利越來越多元與誘人的同時，我們必須學會同時控制自己的信貸規模，量力而行，否則，信貸消費成為過度消費，可能就得終生為銀行打工了。

控制信貸規模的首要步驟，就是學會制定關於貸款消費的債務計畫。一個良好的債務計畫，可以讓你清楚地掌握自己的負擔能力，和面臨的負擔是否在你的承受範圍內。

在制定債務計畫時，**一定要充分考慮自己的經濟承受能力**，並且對眼前的風險有清楚的認識，超出自己經濟能力範圍外的負

債就是負擔。專家建議，一個人的負債最好不要超過個人總資產的百分之五十。如果個人負債情況超過總資產的百分之五十，那麼家庭資產就將面臨巨大的風險。

房貸已經成為大部分家庭債務的主要項目。即便如此，**貸款買房時一定要考慮利率風險**。買房一定要根據的自己的經濟能力量力而為，絕不能唯「大」是圖。否則即使房貸可以分期償還，但當家庭經濟狀況不甚順遂時，房貸這種「想砍又砍不掉」的固定開支將會成為你沉重的負擔。

再者，家庭式的貸款可以由多人通力合作，但個人式的貸款則直接影響個人信譽與生存，更是不得不慎。當前信用卡和現金卡已經成為年輕人負債的主要來源，因為信用卡發行機構激烈競爭，不斷推陳出新舉行各種辦卡優惠，額度限制又給得越來越高，有時甚至一張卡的額度便達到月收入的幾倍至十幾倍。它是最簡易直接的借貸行為，刷卡付費時又十分便利，容易在不知不覺之間導致透支，因此，**信用卡的使用一定要慎重**。要經常查閱卡上的餘額，不要因一時衝動而購物，更不要落入「以卡養卡」的無底洞之中。

對於信貸消費不能過分倚賴。借貸的利息長年累積，也是相當可觀，如果借貸來從事的投資行為又沒有獲利甚至賠錢，依然要風險自負。因此，正確的債務計畫應該要在「非不得已而為之」，不能抱著「今朝有酒今朝醉」的態度，否則我們用昨天消費今天，今天消費未來，未來就會變得黯然無光。

借債是把兩面刃

　　債務可以分為個人債務和機構債務兩種。個人債務是指向他人那裡籌措的借款，機構債務則指在銀行或其它金融單位積欠的帳款。雖然後者經常牽涉信用破產甚至法律追訴等壓力，把借債者逼得更緊，但更應小心的應該是前者，因為人際關係用錢不見得能換得，但是卻可以輕易地用錢摧毀。

　　雖然債務有「預支未來」來「改造未來」的優點，但它就像任何一項理財工具一樣，永遠不能保證賺與賠。如果「改造未來」的計畫失敗，那麼這場「預支」的風險就會很大。而且和其它理財工具不同的是，遇到低潮時虧本的「不是自己的錢」，只有歎息扼腕根本於事無補。

　　印尼第一家股票上市的企業集團——阿斯特拉國際有限公司，就是證明借債是把兩面刃的最佳示範。

　　三十多年前，印尼華人富商謝建隆以二點五萬美元起家，建立起一座以汽車裝配和銷售為主的王國，全盛時期資產更達到十五億美元，占據印尼百分之五十五的汽車市場。

　　一九七九年，謝建隆之子愛德華歸國後，以二點五萬美元成立了蘇瑪銀行。當時正值經濟起飛，加以「謝建隆」名氣響亮，愛德華以很少的抵押就貸到了大筆資金。爾後十年之內，蘇瑪銀行發展成擁有十億美元資產、事業遍及歐美和東亞地區的企業集團。

　　然而，由於愛德華王國建立在債務之上，而非一路穩紮穩打而成。這十年來的成績，也是藉由以債養債的基礎而得。一九九

　　○年底，政府意識到經濟發展過度，開始實行一系列緊縮政策，銀根收縮也在其中，頓時使得蘇瑪銀行貸款無法回收，經營的房地產又不易脫手，債務高達五億美元。當儲戶聽說蘇瑪銀行發生問題後，開始群起擠兌，局面一發不可收拾。

　　當時謝建隆只好以阿特斯拉的股票作為抵押，籌措基金拯救愛德華集團，誰知又逢印尼經濟萎縮、汽車市場疲軟而價格下跌，結果曾經風光一時的企業霸主，卻如同骨牌一般一一傾頹。

　　借債可以是應急時的手段，但以借債築成的堡壘必定搖搖欲墜。即使透過借債貸得的利潤再高，在沒有償清財務缺口之前，都還是存在極大的風險。

　　借債不是你的貴人，而是你的僕人，把債務放在適當的位置為自己服務，才能讓自己在財路之上如魚得水。

高財生

1 致富的首要步驟應是先判斷現有財務的健康狀況，接著進行嚴謹的自我檢驗，進而針對現有局勢規劃量身訂作的理財目標，逐步培養收支管控的習慣，以求全面掌握自身的財務根基，在未來的致富拓展途中更為順遂。

2 儲蓄是存款本金安全性最高的理財手段，同時也是收益最低的理財方式，還會受通貨緊縮／膨脹與利率變動的影響。但是，儲蓄仍然是我們的重要理財渠道，因而必須做好完善的財產比例調配規劃，以求在未來作出妥當利用。

3 股票是高風險同時也有高報酬的理財方式，重點在於懂得辨別時機、評估自身承受能力，並隨時留有後路。基金種類繁多，波動一般較股票為低，但同樣也會受到景氣影響，須切記沒有萬無一失的投資工具，只要心態正確，行動謹慎，就有機會成為險中求勝的贏家。

4 財富必須在不斷流通當中才能維持生命力，借貸也是一種流通的方式，它透過事先籌資來救急助難、茲利生息；但它同時也存在失敗的風險，如果借貸事先規劃不周，就會讓自己落得以債養債的窘境。

3

實戰篇

Reach

the riches

戰略 1
圓夢新公式──創業

創業的致命吸引力

有別於參與投資市場這種「直接」的致富管道，另外一種「間接」的致富管道，就是在既有的工作中儘可能地進行各種「改造」，以求謀得更大的財富。其中創業就是一種本質性的變革。

不是每個人都適合當朝九晚五的上班族，辦公室裡的階級從屬關係、同事與客戶之間的人際互動、例行公事、加班甚至因福利與薪資而衍生的各種勞資糾紛等，往往使得「上班」成為令人卻步的名詞，使得有些人一上班就想下班、一開工就想放假，日復一日降低工作能力和思考活力，創富也成為可望而不可及的夢想。在厭倦工作之餘，創業的魅力便由此萌生，主要在於受薪工作有以下幾種主要推力：

一、薪水固定

受薪族群往往長期領用固定薪水，加薪頻率與升遷機會並不高，或僅限特定發展情勢看好的大型企業，一般中小企業因人事精簡、成本壓縮，對受薪族群而言發展空間並不算大，也少有獎金或分紅。創業則提供了增加收入的一種途徑，由於盈虧自負，薪水自然也突破上班族的收入上限，而有更多發財的可能。

二、工時長

根據瑞士洛桑管理學院（International Institute for Management Development, 簡稱 IMD）全球競爭力調查，臺灣年工時高達兩千兩百五十六小時，排名世界第五。在統計之外還有許多漏網之魚，例如責任制工作者、看護等，因為不受工時規範，沒有固定的工時，只有規定的工作量，累計工時相當可觀。創業工作者可以自行衡量工作時數，而且自己就是老闆，對長工時的忍受度自然也會增加。

三、與公司目標不一致

作為公司員工，必當以「為公司創造產值」為己任，雖然在某種限度內仍保有個人的創意發展空間，但經常必須經過上級認可，確保它符合公司目標或市場需求。不一定每位員工都能有幸進入氣味相投的公司，有許多上班族必須為「五斗米」而「折腰」放棄個人的願景。創業則可以讓自己的專業或理想得到抒發，救贖許多無法尋得興趣相關工作的上班族。

四、擔心失業或找不到工作

在經濟不景氣、人力市場飽和的大環境下，創業有時不只是「另一條路」，也可能是某些族群「唯一的路」。即使當前已有正職工作，也難保不會因為企業各種營運問題而遭到資遣或凍薪，而即使面臨這種待遇，普通的上班族也幾乎毫無抵禦能力。尋無良木可棲，只好自食其力，走向創業一途。當前員工人數在五人以下的「微型企業」（micro-enterprises）如雨後春筍，正是這種潮流下的反映。

五、眼界或格局太小

職員與老闆地位迴然，自然心胸與眼界也會有所分別。作為職員時，尤其當從事工作專業性越高，侷限性也就越高，成日被限制在重複與單一的領域裡耕耘；然而當自己成為老闆後，拓展人脈與知識領域的機會便會增加，有時甚至必須身兼多職，同時也因營運需求，開始關注時代趨勢的走向，進而開闊眼界和格局。

適合創業的人格特質

即使創業具有這麼多受薪階級心之所嚮的優點，但正如每種行業都有與其對應的人格特質，創業也需要某種特定的人格特質作為前提，才能創得好、創得突出、創得長久。

一個人是否能成為成功的創業者要具備以下條件：

一、決策能力

過於優柔寡斷、缺乏決策魄力的人，無法成為企業的決策

者，然而創業始祖永遠無法規避做決策的義務。身為企業決策者，絕對不能沒有想法，絕對不能缺乏判斷，因為創始之初就必須處理大量的事務性問題，還要為企業制定規章制度，如果連為企業命名都無法抉擇，就會耗費不少時間成本與錯失機遇。

二、創新能力

即使只是以個人的身分在職海闖蕩，我們都會經常面臨一個問題：「你的獨特之處在哪裡？」一個人的特殊性，成為企業是否錄用的關鍵；一個企業的特殊性，則成為是否受到客戶青睞、成為後起新秀的關鍵。

三、承受風險的能力

在市場經濟之中，機會與風險共存。創業當然存在風險，正如就業也隨時存在遭到資遣的風險。承擔風險的能力同時包括實質與心理，實質是指是否有足夠的資金承擔失敗後的賠償或債務？心理則是指是否有足夠的承受度從挫折中復原，並且累積能量捲土重來？

四、企業管理能力

管理本身是一門專業，也是企業營運主宰者不可或缺的能力。創業者必須親自與人、與財、與物打交道，如何把這些資源透過管理，賺取最佳效益？如何激發員工士氣，為企業賣命？如何使產品或服務項目得到肯定？……，這些都必須倚賴創業者的高效管理素質。

五、交際能力

任何一名企業主，都不能缺乏人脈，例如一名出版社社長，宣傳新書時需要記者、推薦新書時需要專家、撰寫序言時需要知名寫手、平時也需要與各行各業維持良好關係，以便排除營運障礙、降低工作難度，從而增加成功機會。

以上幾項只是創業者基本要求，然而正如並非所有受薪族群都符合雇主所求，具備穩定、服從、合作等所有正向特質，因此即使條件不符也無須感到挫敗，重要的是在缺乏某些能力時找到其它方法來補強。

創業之前停看聽

男女皆怕入錯行，因此在創業之前必須先多停、多看、多聽，慎選鎖定致富的領域，絕對不要誤入那些自己完全不了解的產業，只因「聽聞」該行業前景正夯就貿然投入，如此「因誤會而結合」，最後「因了解而分開」時，可能已經付出高額的時間與金錢成本，反而得不償失。

當你對某個行業熟悉到相當程度時，由於它的運作機制、生財本事、主打客群、現行趨勢、競爭主力……等等你都瞭若指掌，自然明白該用何種姿態創業進場，在既有的產業中炸出一片真空，容納你的立足之地。

因此，在你選擇行業時，首先要誠實地回答自己：「我的專長是什麼？我最有把握的事情是什麼？」幾乎沒有創業者可以跳答這個問題，在胡亂摸索中摸出自己的天空。創業固然也要仰賴

天時、地利、人和的配合，但是事前功課沒做，事後又何來成績可言？

　　當然，我們不可能在一朝一夕之間累積對某個行業的熟悉度，這就需要在你的生活、學習和工作中不斷培養、尋找與發現，找到得以驗證「天生我才必有用」的空間，在那裡埋下夢想的第一顆種子。

　　麥可・戴爾（Michael Dell）出生於德克薩斯州的休斯頓市，父親亞歷山大是一位頗有名氣的牙醫，母親羅斯是證券經紀人。戴爾少年時期就非常勤奮聰慧，十來歲的時候，他就開始了賺錢生涯：在集郵雜誌上刊登廣告，出售郵票。一段時間後，他用賺來的兩千美元買了他的第一台個人電腦，並自行學習拆解電腦、研究內部組裝架構，產生了濃厚的興趣。

　　高中畢業後，戴爾進了紐約的哥倫比亞大學。此時，許多大學生都非常需要個人電腦，但由於售價太高，大多數人都買不起。戴爾心想：「經銷商的經營成本不高，為什麼要讓他們賺那麼豐厚的利潤，而不由製造商直接賣給用戶呢？」

　　戴爾知道，萬國商用機器公司規定，經銷商每月必須進貨一定數量的個人電腦，而大多數經銷商都無法把貨全部賣掉。戴爾也知道，如果存貨積壓太多，經銷商會損失很大，於是，戴爾按成本價購得經銷商的存貨，然後在宿舍裡加裝配件、改進性能。沒有想到，這些經過改良的電腦十分受歡迎，戴爾見到市場的需求巨大，於是在當地刊登廣告，以零售價的八五折推出他那些改裝過的電腦。不久，許多商業機構、律師事務所、學校都成了他

的顧客。

在戴爾十九歲的暑假，他決定試辦一家電腦公司，和萬國商用機器公司競爭，他仍然專門直銷經他改裝的萬國商用機器公司的個人電腦。第一個月戴爾的營業額便達到了十五萬美元；第二個月二十四萬美元，一年後，每月售出個人電腦一千台。到戴爾大學畢業的時候，戴爾的公司每年營業額已達七千萬美元。於是，戴爾停止出售改裝電腦，轉為自行設計生產和銷售自己的電腦。

二〇〇三年，戴爾的電腦公司在全球六個國家設有附屬公司，每年收入超過二十億美元，員工超過五千名，成為美國第一大個人電腦銷售商，戴爾也成了世界著名的電腦商。

因為他選擇了自己熟悉的電腦領域，加以思想創新，去除中間商改採直接銷售，因而年紀輕輕就成果斐然。

想要致富，就不能畫地自限，應該擁有變通的思維方式，試著從多種視角來描摹自己的發展軌跡。為了實現自我價值，賺取你人生中的第一個一百萬；你有很多條道路可資選擇，但只有選擇了最適合個人發展的途徑，也就是自己最熟悉的行業，才能發揮出自己的優勢，擁有一個成功的人生。

日本竹中電子工業總經理竹中新策說：「不要把手伸到各個行業，應當充分運用自己的特長，在某個專門領域爭取達到世界第一。」

然而，創業當然不是容不得一次失足，有許多成功創業家都在一再的跌倒與爬起之間綻放光芒。創業之初即使入錯了行，只

要擁有自信，敢於衝破隨遇而安的束縛，就能再次擺正自己的位置。白手創業的人一般財力有限，沒有太多入錯行再翻身的機會，因而在下定決心之時必定要三思後行。

為創業先行暖身

創業無法口說即行，必須事先實行周詳的準備與規劃。這些規劃一方面針對創業本身，即創業構想，包括產品、資金來源、市場目標等；一方面則是針對個人的創業資本，這些資本除了實質的資金之外，還包括進入該行業應有的專業知識等。如此雙管齊下，才能提高創業的成功率。

一、創業構想

1. 研究市場

市場是創業成功的關鍵。平時要多看電視、報刊、雜誌、網路資訊，廣泛蒐集業界消息，透過各種渠道深入研究市場，了解消費者需要和購買心態，以及行業現行趨勢與發展等等。

2. 籌措資金

沒有資金，創業只能是空想，因此想投入創業之前必先尋得資金來源。一般來說，創業之始要找到投資者難度較高，通常只能倚仗歷年的積蓄，但也可以經由借貸的方式為之。

3. 尋找合作夥伴

通常一個企業的形成需要來自各種專長領域的人才，例如行銷、會計、法律等等；因此雖然創業是自己當老闆，但同樣

也可以尋找幾位志同道合的夥伴一同截長補短、協同合作。

4. 分析創業的優勢與劣勢

必須先對自身即將形成的企業進行 SWOT 分析：S（優勢）、W（劣勢）、O（機會）、T（威脅），從產品的消費群、銷售時機、銷售通路、規模、資金來源……等方面，先在心裡有個初步的藍圖。

5. 做好兩手準備

創業不須抱持「破釜沉舟」的心態，畢竟勝敗乃商場常事，應該隨時保留「東山再起」的機會，毋須過分執著而不留退路。

二、界定致富行業

界定事業與選擇事業不同，選擇事業是指選擇著手的行業類別，例如開餐館、賣衣服、設計網頁等等；界定事業則是指從本質上明確你的事業，並確定你經營自己事業的重要概念和根本原則，提升將來創業的穩定性。例如：開餐廳，你想開的是一間怎麼樣的餐廳？西式、美式、歐式、日式或中式？開在什麼樣的地段、目標客群是誰、普遍價位區間、預計主打風格……？

想要界定創業基礎，首先要考量的項目包括：

1. 企業性質

也就是確定想從事的事業隸屬於哪種行業領域。

2. 企業在特定行業中的位置

特定的行業一般分為上、中、下三游。上游是原料供應商、

中游是生產或加工企業、下游是行銷與發配，特定的企業可以屬於其中一種特定的位置，也可以透過垂直一體化發展，也就是兼具一個以上的生產或銷售環節，可以自行擴大，也可以經由兼併完成。

3. 明確企業的目標市場

小型企業一般適合在縫隙市場中開展，不適合直接與實力堅強的大型企業面對面競爭。選對市場幾乎決定未來立足點的大小，因而初出茅廬時應小心勿入廝殺慘烈的叢林。

4. 明確為目標市場提供的產品與服務

明確目標客群後，就可以針對客群量身訂作欲提供的產品與服務。例如學生族群與對上班族群的需求顯然不同，消費水準亦不同，可以兩者兼容，但必須有對應的目標方案，才能讓顧客印象深刻。

5. 產業的利潤基礎

同樣的企業形式，利潤基礎可以迴然不同。例如有的商務網站透過販售廣告欄位營利，有的則透過自行提供產品或服務來營利。

6. 經營的形式

你是獨自創業還是與人合夥？合夥與分工依照什麼樣的形式？經營的形式對生產、營運、發展等都有重要的影響，利弊自然也有別。

三、創建規劃細則

大方向確定了之後，就要開始著手處理細則，依據大方向的

藍圖，將心目中的企業捏塑出一個初步的雛型。

1. 辦妥相關法律手續

一般法律手續包括營利事業登記、稅務登記、銀行開戶、辦理各種許可證。辦理手續之前，必須先確定企業的名稱，然後再開始尋求專業人手的協助。

2. 營業場地

企業的營業位置對企業銷售額影響頗大，除非你的企業類型並不直接與顧客接觸（例如網路拍賣），否則選址時必須考量到當地居民購買力、地段良窳、客流量、附近基礎設施（如停車場）等等。

3. 營業設備

按照設備清單採購必要的營業設備，並自行安裝與嘗試操作。由於這些固定設備的投資往往可以獲得商業信譽，也有可能得到高額回扣，因此必須求助專業人手的幫忙。

4. 員工招聘與培訓

員工類型包括重要的專業人士與一般員工。前者包括法律、會計或技術專業者，一般員工則指行政人員或技術人員等。使用自己培訓的員工，可以使員工更了解企業理念與營運主軸，對公司營運更有助益，但同時也要付出人力成本。

四、做好創業準備

1. 掌握務實的專業知識

當確定了致富領域後，你一定要十分熟悉這個行業的專業知識，否則創業失敗機率就會很高。

專業知識指的是從事某種行業所涉及的生產領域和銷售領域中的知識，如生產型企業，要求生產技術、品質的專業知識；銷售型企業，需要市場推廣方面的專業知識，這端視你先前的市場界定。

然而，無論你處於行業的哪一端，為了更徹底地掌握整體營運狀況，生產、銷售兩個領域的知識都必須先行具備，譬如銷售商應對生產知識、原材料價格、加工技術有所掌握，這樣就不會在進貨價格上當受騙。生產商則應對銷售領域和市場充分了解，增加市場判斷力。

2. 多方擴展知識

「I 型人才」指的是具有一項專精特長的人，而「T 型人才」則是兼具橫向專長──廣泛觸及各項領域，與直向專長──個人核心專業的人，也是能在創業熱潮當中站得更穩的人。創業過程中，不會像在職場中只有單一定位，你必須同時具有決策者與行動者的特質，包括經營管理、人事管理、理財核算、電腦技能等等。

在機不可失時出手

許多行業都禁不起時間的淬鍊，如果決定從事的事業正是看中某種趨勢或熱潮而行，那麼就應該當機立斷，切莫錯過最佳時機，否則再好的創業構想都是枉然。許多業者經常隨著電視新聞的話題來調整對策，例如某位名人人氣正旺，對周邊商品的需求就會風起雲湧；然而當該名人物已漸漸不再成為播報焦點，此時

出手也只能撲空。

古語有云：「天時、地利、人和」，最佳的創業時機同樣如此。

天時，指的就是特定的市場時機。在現今快速變化的市場，一個良好的創業構想，也許幾個月後就會被淘汰得一文不值。所以，對細分後的市場進行深入探究，把握利潤基礎和競爭環境後，看準機會，就該立即實施。

地利，即營業場所的選擇，這與生意內容和你當前的實際情況都有很大的關係。如果地點剛好處於交通輻輳或鬧區中心，就可讓企業帶來不少的獲利。

人和，創業者必須具有良好的領導組織能力和感染力，將工作人員團結成一個緊密合作的團隊，結合與交流彼此的專才和觀點，共同推動企業的成長。

一九五二年五月，早川德次前往美國去參觀電視機工廠，並向他們提出了技術合作建議。回國後，他準備向政府申請生產電視機，而這時全國只有早川德次發展電視機生產，其餘家電業廠商大多持懷疑態度；他們嘲笑早川德次：「電視機在日本根本沒有遠景可言，光是生產設備，就要一筆巨額投資，我們為什麼要在未知利潤的情況下投這樣大的賭注呢？難道把聲寶公司弄垮了也在所不惜嗎？」

早川德次並不理會這些冷嘲熱諷，他開始大膽投資，開設電視工廠，致力於黑白電視機的製造。因為他預測到這是他創業的最好時機，他可以預見創業將來的巨大成功。

　　不久，日本第一家民營電視台宣告成立。螢幕上出現的奇觀吸引了無數的觀眾，電視機開始蔚為流行，早川德次生產的電視機銷售量漸增，為早川德次賺進高額利潤，使日本企業家不禁眼紅，原來的廠商也爭先恐後開始投資電視機生產。

　　早川德次的成功正是秉持「抓住時機，果敢行動」這樣的信念，看準了創業時機，就馬上開始，絕不拖延。

戰略 2
黃金入場券——證照

　　求職時節，雪花般的履歷湧進各大企業信箱，面對大量資訊的湧進，企業主不得不發展出一套標準化的篩選標準，而這種篩選標準也幾乎普及四海，那就是學歷、得獎經歷、工作經歷、證照等等。

　　有別於其它類項，名校、獲獎、知名企業的窄門往往競爭極為激烈，還有固定的名額限制；然而證照則是合格與否之分，縱然也有門檻高低之別，但相較於前者難度為低，職場優勢也更為明顯。學歷、得獎經歷、工作經歷，至多是工作能力的保證，用以增加錄取或升遷的機會；但證照的效益卻更加廣而有力，例如某些行業一定要有證照才能營業，如醫生、律師和會計師；某些證照則有助於晉升，如保險業、銀行業；即使某些類項的證照可有可無，多持有一張「能力證明」，在其它行業也有不錯的加分作用。

證照的種類

證照一般可分為五大類型：

一、商管類證照

1. 金融業證照

金融界乃相當重視證照取得的領域，不僅越來越多金融機構對內部人員提出必備證照的要求，有些還設立考照獎勵制度，甚至將之列入績效考評或升等考核的範圍內。

證照類型：基本證照──信託業務人員、初階外匯人員等；進階證照──特許財務分析師（CFA）、理財規劃顧問（CFP），不同等級之間取得難度相差甚多，當然職場競爭力也有天壤之別。

2. 證券從業人員證照

股票交易相關行業人員，處於為民眾把守財富的第一線，因而專業需求必須受到嚴格把關。

證照類型：證券商業務員、證券分析師。

3. 會計業證照

會計與會計師僅是一張證照之差，地位卻是大相逕庭，前者只是企業內部薪水偏低的基本員工，後者卻是高薪階級，甚至可以執業開設會計師事務所。

證照類型：記帳士、會計師。

4. 企業管理證照

企業管理的學習範圍甚廣，幾乎每種商務相關的專業都會習得皮毛，但是卻又有廣而不精的缺點。然而管理學本身也逐

漸被認可為一門專業認證項目。

證照類型：企業專案管理師、企業高級專案管理師。

5. 保險從業人員證照

保險從業人員的證照門檻都不高，重點在於懂得替所屬的公司招攬保險，儘可能為客戶提供完善的保險服務。

證照類型：人身保險業務員、一般保險公證人、保險精算人員。

二、語文類證照

語言與專業，究竟何者較重要，一直是職場上的熱門辯論；倘若只有專業，無法拓展視野與建立合作；倘若只會語言，又只能成為專業的匡助，很難找到確切對應的職缺。然而假使職缺知識可以經由短期培訓習得，需要多年累積的語文能力則會非常吃香。無論何者專美於前，若能兩者兼具，笑傲職場即不再是幻夢。

1. 英語證照

英語能力是全世界的主流，幾乎是每個國家必備的第二或第三外語，因而可茲參考的英語認證也越來越多。然而不同的證照針對不同的用途，如 TOEFL 通常用來申請美加地區大學或研究所、GMAT 則主要是美國商學研究所要求、TOEIC 主要適用於商務職場等。選擇證照類型的時候必須注意這些差別，畢竟同樣是英語，但「學術英語」和「商務英語」的準備方向卻是南轅北轍。

即使類型不同，但它們都可以作為英語能力的鑑定標準，不

需要每種都報考，可以上網搜尋測驗之間分數的對應，例如TOEIC七百五十分以上約相當於全民英檢中高級通過。

證照類型：TOEFL、GMAT、TOEIC、IELTS、GRE、全民英檢。

2. 其它語言證照

證照類型：外語能力測驗（FLPT），包括英、日、法、德、西等五種語言測驗、日本語能力測驗（JLPT）、德語鑑定考試（TestDaF）、韓語能力試驗（KLPT）、原住民母語認證等。

三、電腦類證照

科技業一直是臺灣的明星產業，從薪資、福利、分紅、年終都令人稱羨；擁有電腦專業證照的資訊從業人員，較一般行業工作者平均月薪多了約百分之三十五，專業證照的重要性由此可見一斑。但行情高漲卻也需要對應的才幹，此時證照的有無就成為一種證明。

然而由於電腦軟硬體不斷開發與新增，相對應的證照相當繁雜，且擁有其中一種證照後，若該軟體開始為業界淘汰（如Pagemaker被Indesign取代），該證照即無用武之地，因而必須日新又新，走在時代的尖端。

二〇〇八年ZDNet白皮書選出全球十大具有影響力的IT認證，可作為讀者們未來選擇的參考：微軟認證 IT 專家（MCITP）、微軟認證技術專家（MCTS）、國際網路資安認證（ CompTIA Security+）、 微軟認證專業開發人員

（MCPD）、思科網路工程師（CCNA）、國際 IT 技術認證
（CompTIA A+）、專案管理師（PMP）、微軟認證系統工程師
（MCSE/MCSA）、國際資訊安全管理師（CISSP）、 LINUX
認證（CompTIA Linux+）。

1. TQC/ACE 認證

TQC 企業人才技能認證是臺灣最具公信力的資訊認證，集合
各種單科測驗之大成，包括：專業領域類、作業系統類、辦
公軟體應用類、資料庫應用類、程式設計類、工程製圖類、
網頁設計類、影像處理類、多媒體設計類；ACE 則是美工
類知名的國際認證，隸屬於 Adobe 公司，其旗下產品都會有
一個認證考試，如 Photoshop、 Dreamweaver 等等。

2. 微軟公司相關證照

微軟公司旗下產品，幾乎壟斷大半電腦市場版圖，因而若能
嫻熟微軟作業系統，就能提升自身身價，成為炙手可熱的職
場人才。

證照類型：微軟認證系統工程師（MSCE）、微軟資料庫管
理師（MCDBA）。

3. LINUX 國際證照

隨著 LINUX 作業系統應用日漸廣泛，在越來越多企業之間
策略性地發展，若能挾 LINUX 應用優勢，甚至可獲得比微
軟認證更優渥的薪酬。

證照類型：LPIC。

4. JAVA 認證

透過 JAVA 技術認證方案，形同獲得 Sun Microsystems 公司的親自背書，得到專業技術肯定的殊榮，甚至可靠接案撰寫程式，創下驚人月收入。

證照類型：SCJP、SCWCD。

5. Microsoft Office 相關認證

Microsoft Office 已成為辦公室基礎電腦操作系統，Word、Excel、PowerPoint 等更是從學生時期就成為作業或報告呈現的基本功，但這些軟體除了基本操作之外，還有更為專業與深入的應用，此時就需要專業認證的加持，讓企業了解個人確切使用軟體的能力。

證照類型：MOS、MOCC。

6. 其它相關認證

證照類型：網際網路專家安全認證（CIW）、資訊安全認證（BS7799）、趨勢認證資訊安全專家（TSCE）、思科認證資深安全工程師（CCSP）……等。

四、才藝類證照

除了上述幾項一般職場常見的專業證照要求之外，還有才藝類型的證照，它們並非進入職場必須，也未必是升遷的催化劑，但擁有它就象徵「帶藝在身」的自我憑證，而且這些才藝往往也可以透過創業成為謀生的一技之長。才藝證照的類型相當多元，包括咖啡調理師、營養保健師、兒童捏塑師、皮紋分析師、瑜珈師……等等。

然而才藝類證照與其它類型的「技術」或「專業」較為不

同，很難拿捏出一個客觀的標準，例如會泡咖啡的人與咖啡調理師之間有什麼樣的分別呢？光憑品嚐咖啡的味道或色澤也頗為主觀，因而這類型的證照通常並不直接與職業本身有所相關，例如我們去上瑜珈課時很少要求老師必須具備瑜珈師證照，而只要求該老師本身的藝能程度達到每位學員的標準足矣。

五、技職類證照

技職類證照指的是各類技術士證照，它們不僅讓有技能需求的人士，得以有實踐本行的機會或獲取更高的薪資，也讓一般大眾在尋求服務的同時有了更多的依據與保障。

技能檢定職類採分級檢定，共分為甲、乙、丙三級，不宜分三級者，僅訂一級或兩級。雖然各個不同類別代表的甲、乙、丙意義均有差別，但甲均為最高等級，乙級次之，丙級則是初階等級。不同等級的報考資格有不同的規定，例如丙級的門檻最低，僅須年滿十五歲或國民中學畢業即可報考；甲級和乙級則分別有對學習經歷、職業訓練和工作經驗的時數限制，以甲級限制最為嚴格。

1.「食」類認證

食物是萬年不敗的行業，雖然人人可為，但未必人人都有發跡的機會，有些餐館或攤販崛起得毫無緣由，有些則因價廉味美聲名遠播。欲從事飲食相關行業，亮出證照可增添消費者不少信心，但要記得證照與專業之間仍然以後者取勝，證照加身，廚藝未必不會輸給無照廚師。

證照類型：中餐烹調技術士、調酒技術士、烘焙技術士、食品加工技術士等。

2.「衣」類證照

衣物也是人類生活必需品，而且必須跟著時尚趨勢瞬息萬變。一般直接與顧客接觸的都是衣飾店或百貨公司，因而成衣業者是否具有證照並不會直接影響消費者信心，但同樣也是成衣廠決定工作表現的一紙憑藉。

證照類型：男裝技術士、女裝技術士、國服技術士等。

3.「住」類證照

一般人的認知中，建築往往需要大量的勞力，但其實這些勞力也包含許多外界無法想像的技術需求在其中。隨著建築的類型和需求多樣且複雜，各類技術檢定也應運而生。

證照類型：測量技術士、建築製圖技術士、堆高機操作技術士等。

4.「交通」類證照

交通相關證照可分為運輸與修護兩類。運輸指的即是各類駕照，修護則是交通工具發生問題或例行維修時必須負責的技術證照。

證照類型：職業大貨車駕駛執照、汽車修護技術士、飛機修護技術士等。

5.「育」類證照

育類證照通常代表有教育與照護技術的人，服務對象多為嬰孩與老人等缺乏行動能力者，除了專業照護能力之外，更需

要良好的情緒控管與過人的耐心。

證照類型：教師執照、保母證照、照顧服務員證照。

6.「樂」類證照

有關娛樂方面的產業過於龐雜，然而無論哪一種服務都需要專業人員的領航，才能讓顧客有賓至如歸的貼心感受。

證照類型：美容技術士、導遊／領隊證照、照相技術士、鋼琴調音技術士等。

7. 其它類型證照

除了以上六大基本需求技術之外，還有許多與日常生活息息相關的環節運作，一旦出錯，就要求助這些技術士的本領，因而這些人也占有不容忽視的地位。

證照類型：電子電力技術士、冷凍空調技術士、車床工技術士、園藝技術士等。

考照不應一窩蜂

林林總總的證照類別，經常讓人眼花撩亂，也在初步接觸相關資訊之後躍躍欲試；固然證照對於個人具有魔術般的加分效用，也就相當於在其前往致富的階梯上三級跳，替自己省下更多的時間與精力去衝刺或奮戰。然而，在決定跳進考照行列之前，尚有許多條件應該納入考量：

一、證照並非萬能。

考取證照並不等於獲取「免死金牌」或「尚方寶劍」，它並不能保證不在職涯中顛沛流離，也不能保證在職涯中就一路

平步青雲。它固然是某種專業能力的證明，也是在茫茫履歷中增加能見度的入場券，但就如同文憑一般，一張薄紙並無法取代專業的重要性。將來的職海闖盪，還是要靠自身的真才實學，才能乘風破浪。

二、報名證照考試需要相當的報名費。

隨著證照的層級（專業性、國際知名度、難度、實用度、普及度）逐漸攀升，其報名費也就跟著水漲船高，如托福考試報名費就高達千元以上。而且報名並不意味著考取，若僅抱著嘗試的態度，沒作好充足的準備就貿然前往，只會形成無謂的浪費。

三、考照必須付出一定程度的精力。

考照既不保證個人扶搖直上，還須花費頗多的精力與時間準備，尤其某些「投資報酬率」較低──即付出的準備時間與考取機率不成正比──的類項，準備之餘力不從心，考上之後不足為道，落榜之後捶胸頓足等情緒都得以預見，因而要事先為自己作好心理準備。

四、選擇適情適性的證照。

除了某些用途非常明確的證照別，有些領域的證照選項非常多樣，此時興趣與目標不明確者就會無的放矢，認為「有照就好」、「多多益善」。此舉可能會造成時間與金錢的浪費，而且對未來致富之路不見得是塊墊腳石，因而選擇適情適性的證照應考，較能避免這種「賠了夫人又折兵」的遺憾。

五、注意證照的時效性。

能力會隨著反覆操演而越演越精，也會隨著疏於使用而越來越弱。因而一張證照的保障時效有限，例如CCNA的期限是兩年，過期則失效，必須重新取得。有鑑於此，在適當的時刻準備應考，例如在找工作或申請入學的前幾個月開始，屆時便可直接派上用場，省下不少麻煩和花費。

開源急轉彎——兼職

　　進入職場生涯之後，正職占據了日常生活的絕大部分，正職收入也成為最穩定的金錢來源，維持個人或家庭的基本溫飽與開銷。然而，對於致富野心勃勃的人而言，單一財源不僅極易枯竭，而且流量穩定，供不應求；但是若離開眼前的細流，又無法掌握是否能有覓得瀑布的機會。在這種矛盾之間，「兼職」逐漸成為生涯菜單中一盤香氛的佳餚，有時它的美味甚至勝過主餐，讓許多人慕名而來，**蠢蠢欲動**。

　　兼職工作與全職工作之間的差別，已經隨著許多企業精簡人事成本而越來越模糊，然而就一名擁有正職工作的上班族而言，**必須注意挑選的兼職工作不可與正職工作相互衝突**。選擇兼職而非轉業，主要考量就是為了維持正職工作的穩定性，若是因為兼職而失卻正職，則有本末倒置之虞。此處的衝突有許多影響形式，例如時間衝突——在兼職工作上耗費過多時間，導致原有工

作不斷遲到或無法加班,上班精力不集中等皆然。此外,也必須顧慮上司對員工兼職的看法,如果此舉可能引來不睦或微詞,就應盡可能保密或尋求其它「開源」形式。

兼職工作的類型

兼職工作的自由度已經越來越廣,只要有錢,任何人都可以在合法的前提下雇用他人,因而兼職工作的雇主不一定是廠商,個人雇主也越來越多,例如代印論文、代為跑腿、代為排隊、提供便車⋯⋯等等。根據兼職活動的類型,主要可分為以下八大主題:

一、娛樂活動類

遊樂區、比賽現場、表演活動、園遊會、促銷或競選活動等情境,往往需要大量的活動協助,用以確保活動進行順暢、增添活動人氣或效果、吸引人潮等。此類活動通常要求外表姣好、個性外向、擅長人際溝通。

工作類型:展場推廣人員、吉祥物裝扮人員、活動主持人、Show Girl、模特兒、廣告明星、舞蹈老師。

二、新興業務類

現代人生活越趨忙碌,有些無暇處理的工作便付給薪酬徵用兼差族,也有些是隨著社會發展日趨多元而漸漸發展的行業,需要更多的人手投入,但因業務性質或行業本身的不穩定性,正職者少,卻是兼差族的大本營。

工作類型:藥物實驗、家事服務員、體重控制代言人、伴讀

家教、新娘祕書。

三、內勤類

內勤通常指室內行政工作，包括門市、櫃檯、資料及貨物處理，這類工作不若前兩者需求不甚穩定，只要公司持續存在和創立，這類職務就會需要人手；只是因為需要的門檻不高，因此薪水通常也只在基本附近徘徊。

工作類型：門市服務員、收銀員、資料輸入員、電話行銷人員、賣場排貨員。

四、外勤類

外勤相對於內勤，工作環境多在戶外，而且需要大量的人際接觸與體力勞動，有時定點工作、有時不固定，還需要承受天氣變化帶來的不便，但也是訓練耐力和人際溝通的好機會。

工作類型：外送人員、市場調查員、試吃推廣人員、DM發送人員、加油員、駐校代表、直銷人員、助選員。

五、教育類

對於身負學術、才藝或專業知識者，參與教育工作不僅是學以致用的管道，相對於日曬雨淋的勞力工作，也是離致富更快的捷徑。許多優秀的兼差族在大學時代光靠此類兼差，就可以涵蓋平日生活開銷。

工作類型：課輔老師、家教、說故事老師。

六、專門技藝類

由於是專門技藝類，自然需要較為專業的能力，入門門檻自

然也較高。然而專業和經驗並非與生俱來，若有興趣從事這類兼差，可以先充實自身能力，一旦跨過門檻，收入通常是成倍增加。

工作類型：攝影師、剪接師、口譯。

七、文字類

文字工作大都與出版、媒體、網站等管道有關，文字人人會用，但好文字處處難尋，因而文采華美、創意非凡或具有良好國學常識的兼差族，都可以經由這類工作找到自己的天空。

除了文字功力好壞之外，是否能凝聚人氣也是這類兼差藝術的一環。現今網路已成為文字資訊的大型載體，也是大眾獲取文字資訊的重要媒介，此時只有「文采華美」大為不足，「吸睛功力」更是不容小覷，尤以部落格寫手和文案撰寫為最。

工作類型：部落格寫手、校對、文案撰寫、作文批改、文學獎或報刊投稿。

八、設計類

設計類的兼差工作範圍極廣，舉凡工商、廣告、媒體、網站、室內、室外都不脫這類人才需求。而且設計類人才必須兼具藝術專長與電腦專長，加上設計出的成品往往代表公司的形象與門面，薪水以案件數計算，非常優渥，但同樣也需要絞盡腦汁、耗費心神，甚至常常會因為與資方理念不符而要反覆修改。

工作類型：平面設計、網頁設計、工業設計、插畫家、動畫設計師。

致富不用「全力以赴」

兼職工作的存在，讓致富不再只能往同一個方向全力衝刺，而可以一人分飾多角，同時在不同的跑道上落腳，也讓致富的機會和程度大幅提升。

然而由於兼職工作本身的多元性，有些工作工時長而時薪少、有些工作工時短卻薪資高，因而其對於「致富」的功能性呈現兩極化，也引人質疑它累積金錢的效用性。需要注意的是，兼職工作與正職工作相類，需要越高技術、越多專業與限定越多人格特質（例如智慧、外貌、口才等）者，自然會給予更多的回饋。因此，正如本書第一章心法 1 所述，「致富籌碼來自熱愛學習」，學習既是籌碼，擁有越多籌碼的人就能在天秤上分量過人。

因而，能力達到何種水平，就只有與此水平相互對應的職業需求和薪資供給。但也有另一種狀況，會讓正職與兼職工作之間薪資差距天壤之別，就是專長無法在正職工作中得到發揮或應用，或是兼職工作不夠穩定、但個別次數的薪水額度驚人。此時想要跳脫平板制式的財富累積過程，兼職就是絕佳的跳板。

此外，兼職也可能是創業的前奏。有許多人藉由兼職發掘自身的潛能，察知趨勢的商機，兼職可能是先在該產業「測試水溫」，等到火候一成，原有的正職保障就可以漸漸鬆手。轉業自

然暗藏著風險,但創業之前暗藏著兼職這個步驟,則可以用某種
程度消弭風險。對於性情謹慎又對致富抱持理想的人,不用「全
力以赴」的兼職無異是最好的選擇。

戰略 4

更上一層樓——進修

　　如前節所述「能力達到何種水平，就只有與此水平相互對應的職業需求和薪資供給」，假使對於自我有所期待，就不能讓自己永遠停留在相同的臺階。讓自己脫離既有水平的方式，一是透過學習，一是透過體驗，這兩種歷練的形式均稱之為「進修」。

　　有些大型企業會為員工提供在職訓練，但中小企業成本較為匱乏，員工必須自掏腰包出外進修，兩者各有利弊。前者由公司限定了進修的內容與模式，而且有時可能占用員工的個人時間，但可確保進修內容與產業或至少當前的職責高度相關；後者擁有選擇進修項目的完全自由，但也必須承擔進修項目在職場中無用武之處的可能。

　　參與進修的主要目的，可分為以下兩大方面：

一、拓展人脈

　　進入職場之後生活圈往往嚴重侷限，除了某些特殊行業之外

（如記者、業務），通常只能接觸到同產業甚至同公司、同職階的對象。然而若將來有意創業或往各方發展，每個人脈都潛藏著無限機會，因而當發現身邊的人脈不足，絕對不容擺著不管。參與進修之後，經由上課的過程，可以得知同樣需要該科專業的其它領域包括哪些，並藉由課堂互動結識該領域的同學，讓自己的人脈存摺再添收入。

二、增加專業

增加專業，以求獲得轉職或兼職的資本、加值職場競爭力、或是為了讓興趣得到更充分的發揮等，都可能是參與進修的考量內容。身處多變時代，π 型人才（雙核心專長人才）大行其道，除了鞏固本行，第二專長的培養更是不容忽視。

三、充實生活

上班族生活通常只有家庭與職場兩地往返，除了特定行業之外，大多工作都必須限制在固定的範圍，與固定的人、事、地互動，長此以往必然感到枯燥乏味，也因此許多才藝健身類型的進修課程應運而生。這類進修雖然對職場表現沒有直接助益，但對於平衡個人「工作」與「休閒」的天秤，卻有莫大之效。

進修的類型

進修的機構包括社區大學、補習班、機構附設教學班等等，不同的機構有不同的群體與走向，應針對個人的進修目的審慎選擇。例如社區大學的區域性高，學員多是同鄉或舊識，且年齡層

偏高；補習班一般鎖定年輕族群，機構附設教學班則視性質而定（如烘焙坊附設教學班，與文教基金會附設教學班的客群不同）。

　　坊間補教業者對於「進修」的想像往往更大過於現有的進修需求。進修不須全然與本業相關，有時本業的「周邊」技能，反而為個人忽略而成為勝敗關鍵。例如餐桌禮儀，對於經常出席高級社交場合者，如董事長祕書，能透過進修「學習」（而非經由在現場出糗來「體驗」），得體的應對將使人留下深刻印象，為職場印象大大加分，當然也縮短了升遷或加薪的等待時程。假使可以意識到自身缺陷所在，也有充足的預算，每種類型的進修都可以多方嘗試。

一、語言學習

1. 語言能力

語言學習類的進修，經常是所有進修的最大宗，一方面可為考取證照做衝刺，一方面也是可以隨學隨用的「即戰力」。然而語言類型的進修，通常採取大班教學，應當針對自身對「聽」、「說」、「讀」、「寫」不同的期待，變更不同的選擇，以期達成最大的效果。

2. 口才訓練

職場溝通力幾乎是稱霸商場的武器，溝通力的好壞具有獨一無二的影響力，小則可以決定辦公室內的合作氛圍，大則可以為一樁千萬元的交易論定生死。然而口才很難靠個人練習看出效果，因而參與課程，實際在「人」的面前互動與嘗試，更能符合自己最初的冀盼。

3. 文學創作

如同國中小經常開設的作文班，但進修領域的「創作」更為
多元，不再鍛鍊求取考試高分的形式寫作，加入了更多激發
靈感、精緻文句的訓練，種類也包括劇本寫作、採訪寫作、
一般文學創作等，不同的文體自然要搭配不同的師資與教學
方法。

二、專業進修

三百六十行均有其「專業」，因而專業課程自然也如恆河沙
數，從理財、投資，到法律、電腦，只要有專業前輩願意開
課，就會產生進修機會。這類進修也經常由企業內部提供。

三、生活進修

生活進修指的是與專業無涉的各種進修，雖然無法直接充電
工作職能，但卻能幫助生活更為平衡健康，或提升個人形象
與才藝等，例如廚藝、品酒、舞蹈、社交禮儀等等。

自學進修更省錢

《孟子·滕文公下》有一則敘述學習環境的佳喻：

孟子曰：「有楚大夫於此，欲其子之齊語也，則使齊人傅
諸？使楚人傅諸？」曰：「使齊人傅之。」曰：「一齊人傅之，
眾楚人咻之，雖日撻而求其齊也，不可得矣。引而置之莊嶽之間
數年，雖日撻而求其楚，亦不可得矣。」

出外進修為個人塑造完整的學習氛圍，然而一日二十四小時
的光景，脫離學習氛圍的時刻遠較進入的時刻為多，因而關鍵還

是在於自身的持續。

　　此外，由於進修重點在於替未來的致富鋪路，形同預先投資，因而必先有一筆可觀的支出，雖然學識與技能的吸收都可立即享有，不若其它理財工具那般具有高度不確定性，但高額支出仍然常常限制了經濟拮据者的進修意願。

　　所幸，以當前的網路時代而言，網路線的那一端永遠連結著驚喜，可能是財富、可能是學識、也可能是難得的夥伴。善用網路媒介進行自學進修，即可壓低進修成本，讓將來到手的淨利更為豐盈。

　　自學進修的方式，除了傳統的自讀之外，還有以下幾項可供參考：

一、網站學習資源

　　網路無國界，無論哪個國度、哪個語言，我們都可透過網路連結輕易跨越地理距離的障礙，資源浩瀚如英語，資源稀薄如菲律賓語等，幾乎沒有網路無法搜刮出的寶藏。學習語言貴在營造學習環境，網站資源可以充盈你的眼所觀和耳所聞，讓你沐浴在良好的語言學習環境。除了語言之外，幾乎所有才藝教學網也紛紛林立，加以 Youtube 等影音互動介面的誕生，舞蹈、烹飪、手語甚至魔術都可以尋得學習之道。

　　然而，「目的」需要教學，「手段」同樣也需要教學。學習方式的交流，例如如何訓練英語寫作、某種軟體如何快速上手，都是網路平臺頗具人氣的分享。

二、號召讀書會

自學最讓人卻步之處，在於無法達到拓展人脈的效果，或是無法進行某些需要人際互動的訓練，且有些人獨自唸書時缺乏動力，需要團體的促發。然而有許多學習資源平臺，提供號召讀書會的空間，讓同好彼此約聚，營造如同補習班但更為核心與集中的學習團體。經由讀書會的運作，人脈增長、團體激勵等功能依舊可以在自學當中體現。

三、教學相長

網路世代象徵權力壟斷的瓦解，小眾甚至個人都可以躍為主角，無論專長在現實生活如何不受矚目，都可以在網路上「成一家之言」。透過自行教學的嘗試（例如撰寫部落格、發表教學文章等），可以換來更多迴響的肯定或挑戰，進而在這樣的過程中精進自身的能力。

在立志之後高度堅持

子曰：「君子立恆志，小人恆立志。」「君子」與「小人」的稱號過於沉重，但這種對照卻無疑是現實生活中，成功者與失敗者之間的縮影。願意犧牲玩樂與休憩，產生進修企圖的人是「立志」，而確實力行進修活動的人則是「致志」，然而走到這兩步即使引頸翹首，都還不見得能夠看見「得志」的蹤影。

即使對於致富的野心如熊熊烈焰，但也難保不會被一時的疲乏輕易澆熄。在正職工作之外，積極榨取剩餘時間的最高價值，難免會讓體力或腦力遭到過分剝削，缺乏堅持下去的雄心。尤其

當正職工作極為耗費時間腦力，下班之後可用的時間與腦力就會更為有限，這種長時的緊繃也不利於身心健康。

　　既然立志投入進修，除了高度堅持到進修結束、獲得成果之外，**還要盡力滌除所有影響自己無法堅持的外在因素**，例如疲累的始作俑者，就是時間管理無法貫徹的後果。進修時數貴不在多，而在長遠，每日強迫自己唸書五小時後卻半途而廢，往往不及每日只用兩到三個小時，卻延續數月數年。切莫輕視累積的力量，那將決定日後你的一紙決策，是一百塊還是一百萬。

　　又例如不願以娛樂作為機會成本，同樣也是時間管理的範疇，進修並不一定要占滿工作以外的人生，因為娛樂也可以是廣義進修，進修健康、進修人際與視野。調整心態，不把進修當成一種負荷，就可以讓自己雖「任重」而能「道遠」。

　　其次，就是要**為進修尋求能量的來源**。「刺激」的形式對每個人都不一樣，有的人喜歡來自同儕齊心共進形成的團體壓力，有的人則認為埋首苦讀時瞥見他人鬆懈會精神百倍，但無論哪一種方式，只要適合自己，無疑就是正面的能量。正面能量也可以用回饋或犒賞的方式進行，例如當自己堅持了多久，就帶自己去吃一頓大餐等，當然這種犒賞的門檻不能太低，否則將無法達成效果。

　　然而，堅持並非盲目地堅持。如果進修的瓶頸嚴重到令人窒息，例如時間過分緊迫而壓縮正職的準備工作或正常休息時間、內容過於枯燥艱澀以致難以理解、一窺堂奧之後才發現根本毫無興趣……等，此時就應該考慮是否適度放棄。

　　所謂「放棄」不必然意味著全然放手，可以漸進式地放棄幾個小時、放棄幾個科目、放棄某種方法或放棄幾個同伴，觀察適度鬆手之後的情況轉變，來決定下一步的進程；並要同時對自己的放棄做出其它可能的彌補，例如尋求某種新的學習方法作為取代，試圖讓放棄之前的價值得以保存，而非全面埋葬曾經努力的過去。

1 創業相較於受薪階級，有許多難以名狀的魅力，卻也存在必然的風險，因此在創業之前必須先多停、多看、多聽，慎選鎖定致富的領域，切莫誤入不了解的產業，而後再進行周詳的準備與規劃，才能提高創業的成功率。

2 證照是在學歷、獲獎經歷、工作經歷的窄門之外額外提升職場優勢的選擇，對於開業、晉升都有相當的影響力。然而證照並非萬能且具時效性，考照也必須付出一定程度的精力，因而考照切忌一窩蜂，應切實評估需要後再行為之。

3 兼職可以在正職工作以外另闢財源，然而必須注意挑選的兼職工作不可與正職工作相互衝突，以維持正職工作的穩定性。如果在兼職工作中發現大好藍海，則有可能成為創業的前奏，開拓不一樣的未來。

4 參與進修主要可以拓展人脈和加強專業，但若有預算的考量時，則可改以自學取代。不論用何種形式自學，重點都在於高度堅持，滌除所有影響自己無法堅持的外在因素，例如做好時間管理、尋求能量來源等等。

4

勵志篇

Reach
the riches

能量 1
自信是成功的起手式

自信是成功的第一祕訣

愛迪生曾經說過：「自信是成功的第一祕訣。」

自信有足夠的能量左右命運的走向，即使當所有主客觀條件都完全一致時，有無自信仍然扮演成功與否的關鍵。自信有靜態的長相，也有動態的行為，它反映在人的眼神與姿態當中，也反映在人的姿勢與行為之中。

因此，自信與其它人格特質如堅毅、富正義感、具同情心等不同，它無須經過某些特殊事件的彰顯，就可以直接成為一個人的外顯表徵，左右他人對你的觀感。以一般情況而言，自信經常會帶來正面的第一印象，反之，缺乏自信卻讓人覺得不夠大方積極，相處也不夠自在直接。

自信是致富列車每一站的車票，只有通過檢驗，才能帶著既有的成果前往下一站。最初決定擺脫貧窮，立志求富，是一種自

信；爾後選定致富目標，立志長久耕耘，是一種自信；為了達成目標而四處廣交人脈與學習新知，更是一種自信。因為相信自我，所以自信無窮。

　　瑪麗亞・艾倫娜十幾歲就開始進修電腦課程，後來也進入美國主修電腦科學。畢業後，瑪麗亞產生了要在拉美地區銷售個人電腦的念頭，因為當時美國個人電腦的價格在八千美元左右，而拉丁美洲的個人電腦價格卻比美國貴得多。由此她斷定，在拉丁美洲銷售個人電腦的前景無限。

　　當時瑪麗亞・艾倫娜只有二十三歲，也沒有任何銷售和市場經驗。她先從自己的車庫，然後又轉移到一間小貨倉，開始海運她的產品。雖然規模非常小，但卻越來越多訂單紛紛而至。四個月的時間裡，她用海運方式銷售了價值七十萬美元的產品。第二年，瑪麗亞・艾倫娜公司的銷售額增加到了兩百四十萬美元，第三年又翻了一番，第四年又翻了一番。由於在二十世紀九〇年代前幾年中，瑪麗亞・艾倫娜的「國際高科技銷售公司」的平均銷售額為一千三百萬美元，所以它又登上了《公司》（Inc.）雜誌當年五百家發展最快的公司排行榜。而瑪麗亞・艾倫娜本人也成了這本雜誌歷史上，唯一一個白手起家而登上著名排行榜的人。

　　瑪麗亞・艾倫娜說：「不要理會別人『不能做這個或不能做那個』的建議。遇到障礙時，把它看成一個機會，而不是世界末日，只要做你該做的，儘快超越它們，相信自己的目標得以實現，你就會取得成功。」

　　小澤征爾是世界著名的日裔交響樂指揮家，在一次世界優秀

指揮家大賽的決賽中，他按照評委會給的樂譜指揮演奏，但是卻在指揮的過程中發現了一些不和諧的聲音。

起初，小澤征爾以為是樂隊演奏出了錯誤，就停下來重新演奏，但曲調還是不對。於是，他判斷樂譜出了問題。這時，在場的作曲家和評委會的權威人士堅稱樂譜沒有問題，是小澤征爾錯了！

面對眼前大批音樂大師和權威人士，小澤征爾思考再三，最後還是斬釘截鐵地大聲說道：「不！一定是樂譜錯了！」話音剛落，評委們立即站起來，報以熱烈的掌聲，祝賀他大賽奪魁。

原來，這是評委們精心設計的「圈套」，想以此檢驗指揮家在發現樂譜錯誤，並遭到權威人士「否定」的情況下，是否仍能堅持自己的正確主張。另外兩位參加決賽的指揮家雖然也發現了錯誤，但終因隨聲附和權威們的意見而遭到淘汰。小澤征爾正因充滿自信地堅持正確的意見，摘取了世界指揮家大賽的桂冠。

瑪麗亞‧艾倫娜和小澤征爾，都因熟練自信這套「成功的起手式」，深信自己的判斷與眼光，不輕易受到他人的評議或否決影響，臻至當前人人稱羨的崇高地位。

自信面對打擊

人生在世，我們不時會面臨關於自信的考驗，有時我們因為堅持反而鞏固自信，有時我們即使堅持，仍然抵禦不了對自信的打擊。社會的聲音不斷在耳邊繚繞，得到支持的時候，自信當然一飛沖天；然而遭到反對的時刻，才是真正能施展自信的時刻。

他人的說辭僅供參考，真正的決定權卻握在手中，堅持與放棄就在一念之間，指向未來的多彩與黯淡。

　　美國第十六任總統林肯（Abraham Lincoln）風光的政治生涯之前，有一段崎嶇的過往。一八三二年他面臨失業，但他又下定決心跨進政治領域，成為一名州議員，可惜他面臨了競選失敗。一年內連續遭受兩次打擊，但是林肯並未一蹶不振，轉而自行開辦企業，誰知一年不到，這家企業又倒閉了。在往後的十七年間，他為了償還企業倒閉時積欠的龐大債務而到處奔波，同時他也沒放棄先前的願望，參加了下一次州議員競選，這次他終於成功了！

　　一八三五年，林肯訂婚了，然而就在婚期之前不久，他心愛的未婚妻不幸去世，沉重的打擊讓他心力交瘁，臥病不起，甚至得到精神衰弱症。兩年後，林肯復出競選州議會議長，再度遭遇失敗。一八四三年，他又參選美國國會議員，但這次依然沒有成功。

　　一八四六年，他終於當選國會議員，然而爭取連任時卻又數度失敗。但他依舊自信地面對接踵而來的打擊，頑強地在政治的波濤之中匍匐前進，終於在一八六〇年當選美國總統。

　　失敗經常是自信的毒藥，例如說笑話時冷場，下次就會不敢再說；主動搭訕失敗，下次就會不敢貿然行動。但如果面臨失敗依舊無動於衷，以「自信」迎擊對自信的打擊，成功的能量就會無堅不摧。

　　林肯因自信獲勝，而同樣曾任美國總統的尼克森（Richard

Milhous Nixon），也因缺乏自信敗北，成為美國史上唯一一位辭職的總統。

一九七二年，尼克森競選總統連任，由於他在第一任期內政績斐然，所以大多數政治評論家都預測尼克森將以絕對優勢獲得勝利。

然而，由於一九六〇年競選總統時，曾以微弱差距被約翰‧甘迺迪擊敗，一九六二年競選加州州長時又再度落敗，使得尼克森承擔著強大的失敗壓力，因而誤入歧途，授權屬下非法闖入民主黨在水門飯店的總部，安裝竊聽器偷取情報，事發後並下令掩蓋事件真相，推卸責任，結果雖然暫時贏得了勝利，卻也在不久後被迫辭職。

尼克森的失敗，正是導因於自信心的匱乏。

至關重要的自信作用

法國古典作家拉羅什富科（La Rochefoucauld）曾說：「我們對自己抱有信心，將使別人對我們萌生信心的綠芽。」由此可見，自信的作用不只向內提升，同時也向外發散。自信的作用包括以下幾點：

一、提升人際影響力

如前所述，自信是種外顯特質，決定了根植在他人心中的第一印象。人與人之間的交往常常是影響力的較量，影響力越大的的人，離成功就越近。個人影響力的塑造，建立於自信心的強弱，有自信的人話聲宏亮、中氣十足，同時也增添不

少說服力，營造先發制人的氣勢。

二、增加成功的機會

一位成功的百萬富翁曾說：「你的成就大小，永遠不會超出你的自信心大小。」自信與堅持往往相輔相成，沒有自信遑論堅持，既能堅持必有自信。自信的存在，讓個人更有理由相信自己在做對的事，也就不會輕易被他人的言語動搖，進而更有表現的機會。

三、奠定樂觀性格

自信者往往充滿樂觀，不會先在腦海裡為事情的發展預設負面結局，反而認為成功近在咫尺，光明唾手可得。樂觀會在抑鬱時伸出援手，在傷痛時代為療傷，讓我們能夠鼓足必勝的信心，度過層層疊疊的難關。

增強自信的法則

然而，自信與缺乏自信之間，經常鴻溝相隔，絕非如外界所見的純粹選擇。自信需要許多支撐來源，而非建立在虛空，否則反而會成為負面的人格特質——自負與傲慢。有所憑藉的自信，可能來自於家境、外貌、能力、人脈、才華，也因此許多欠缺這些條件的人，無所依憑，只得遠遠墮入怯懦的深淵。當然，沒有條件的人可以創造條件，為自己的自信奠基，為致富夢想打底。

增加自信的法則可概括如下：

一、找出並改善缺乏自信的病因

有些人的自信不一定可以歸納出原因，但大多數缺乏自信的

人卻往往找得出病因，諸如容貌甚寢、學習能力不佳、口才拙劣……等等。除了少數無法改變的特質之外，這些病因絕對都有矯正之方，即使無法全盤逆轉，但也能讓它造成的影響緩解減輕。例如因人際關係不佳而自卑，可以嘗試轉換與開闊生活圈，畢竟有時人際交往只是調性不和，不見得是本身不夠討喜；但同時也可適度修正性格，朝大眾喜歡的典型努力。找出病因，就能夠對症下藥，進而把缺乏自信的病症療癒。

二、歸納自己至少十個優點

增強自信首先要關注自己的優點。我們可以在紙上列下十個優點，不論是哪方面皆可（細心、聲音清脆、眼睛好看……）。許多人往往在思考自己優點時下筆躊躇，因為壓根兒就沒想過自己有什麼值得誇耀之處，但這些都可以從他人曾有的誇讚或各種外在的肯定（如成績或獎項）歸結而成，即使你認為是客套話亦然。

詳細列出後反覆灌輸自己，這種「自信的蔓延效應」將有助於你提升從事這些活動的自信。如果這個作法沒有發揮作用，可能是那些優點還不夠多、或是對你而言微不足道、或是根本沒有引人矚目，這時就可以嘗試提出更多的優點，或是盡可能在他人面前表現——而非炫耀——你的優點（例如力氣大的人主動協助搬運），這種「表現」經常會贏得稱許，進而鞏固個人的自信。

三、與自信的人做朋友

自信是一種會傳染的氛圍，因此常與自信的人交遊，欣賞他們的神采、學習他們的思維，運用在自己身上，都會成為提升自信的素材。然而這並不意味著要疏遠缺乏自信的友人，你反而可以從他們身上映照出自己的特質，並想像如果對方如何改善會更好，進而作為自我提升的目標。

四、「由外而內」改造外表

由於自信是一種外顯特質，會由內而外塑造個人的整體形象；既然從內在改變是一段漫長的歷程，此時不妨嘗試「由外而內」進行改造。因為缺乏自信，所以動作扭捏、眼神飄忽；那麼就強制先從舉止做起，行走時目視前方、與人交談時目光直視且專注、挑靠近講臺的位置坐、舉手當眾發言、多用肯定語氣……，久而久之，這股力量就會貫穿內心。

五、做好「人一己百」的準備

自信的人不須太多外在資源來肯定自己的表現，然而缺乏自信的人卻非常需要。想要表現獲得肯定，只好發揮「人一己百」的精神，事先做好萬全準備，為所有可能發生的疑難鋪好臺階，就降低了表現不好的機率，讓自己更有自信。例如知道自己畏懼上臺報告，但是前一日反覆彩排十來遍，也許隔日的表現仍然無法達到理想的水準，也避免了可能因講稿不熟等狀況而出醜的難堪。

六、確立恰當的目標

設立過當的目標，那種永遠無法企及的無力感，將會步步殘蝕既有的自信。為自己制定恰當的目標，並且在目標達成後

定下更高的目標,如此循序漸進,就可以得到一次又一次的肯定。那麼如何確定目標的設立是否得宜呢?失敗次數過多就是一種警訊,但也無須沮喪自己就是無法達到,有時候只是「無法快速達到」罷了,並非能力不足。

七、多方嘗試

不要畫地自限,更不要為他人所限、為社會期待所限,否則你能找到自信的領域恐將永遠與你絕緣。例如有時社會迷信文憑主義,不擅應試卻饒富音樂長才的人,不多方嘗試音樂類競賽或表演,就只有在試卷面前落淚的份。勇於闖蕩和冒險,激發「原來我也可以」的信念,對提升自信心助益甚大。

八、忽視障礙的規模

期待致富的人必須審慎評估風險,但那是對於一般人而言,而缺乏自信者反而應該盡可能「忽視障礙的規模」。因為缺乏自信者要面對的障礙,除了客觀實存的障礙(例如股市漲跌、政策變應等)之外,還有個人主觀假想的障礙,不斷假設「我一定不行的」、「太難了,我不可能辦到」,如此兩相結合,障礙將會堆疊得高聳入雲,讓人根本沒有起步的空間。忽視障礙的規模,在行動之前避免多慮,盡管去做就對了!

自信創造財富奇蹟

自信的作用不會只在最初展現,即使你做好了充分準備,選

擇了一個風和日麗的天氣出海揚帆，但卻仍然望著潮起潮落而躊躇不定，成功的彼岸就永遠不會踩在腳下。除了立志過程的催化以外，在過程中奮鬥的力量，也是建立在信心的基礎之上。

愛迪生堅信他已經找到方法，用機器錄製人類的聲音，並且重複播放。他把構想用鉛筆畫成草圖，找了一位模具師傅，請他按圖製作模型。

模具師傅仔細看了草圖之後說：「不可能！這玩意兒根本就不能用。」

「你憑什麼認為不能用？」愛迪生問。

「因為沒有人做過會說話的機器。」模具師傅回答。

「照這張草圖把模型做出來。」愛迪生堅持：「如果不能用，我就認輸。」

結果，眾所周知，愛迪生成功地發明了留聲機，跌破了全天下人的眼鏡。

所以，致富之前不能沒有自信心，而要保有必勝心態就要支持自己的理念，按照計畫依序行事。

有一位日本頂尖的保險業務經理，要求所有的業務員，每天早上出門工作之前，先在鏡子前面盯著自己五分鐘，並且反覆對自己說：「我是最棒的壽險業務員，今天我就要證明這一點，明天也是如此，一直都是如此。」經由這位業務經理的安排，每一位業務員的丈夫或妻子，在他們出門工作之前，都以這一段話向他們告別：「你是最棒的業務員，今天你就要證明這一點。」

潛意識蘊藏著無窮力量，就像大腦裡的無形巨人，隨時接受

指揮，並且堅信主人的思想和意念，因此利用潛意識建立自信心是一項實用的技巧，終身受用。從潛意識不斷自我激勵，能夠為個人提供動因，引領自己去求取財富。我們要經常有意識地給自己積極的心理暗示，在日常會話中加強激勵語句使用的頻率，讓「詞語形成思維，思維形成現實，現實成為生活」。

激勵自己致富，還要嚴防消極心態的入侵。這不是建議你把字典中的「不可能」這個詞刪掉，而是建議從你的內心把這個觀念鏟除。談話中不提它、想法中排除它、態度中拋卻它，不再為它提供理由，不再為它尋找藉口，把這個詞和這個詞象徵的觀念永遠地摒棄，它才不會覆滅自信散發的光采，讓人生更為璀璨。

能量 2

幸運總是光顧勇敢的人

「危險是讓弱者逃跑的惡夢，也是讓勇者前進的號角。」美國西點軍校著名學子，也是美國杜邦公司傑出領袖亨利·杜邦（Henry A. du Pont）的名言如是說。冒險與財富是一體兩面，因為大多數人往往對冒險唯恐避之不及，爭先恐後的人少，為少數勇者獨占的利潤就越為可觀。險中有夷，危中有利，被荊棘傷得鮮血淋漓的人才能擁有玫瑰，對危險無所畏懼的勇者才能享有財富。

國際商用機器公司（IBM）是美國規模數一數二的電腦公司，在世界市場上舉足輕重。根據統計，在二十世紀六〇年代末期，IBM 產品占據了世界電腦市場的百分之六十；但是到了二十世紀八〇年代，IBM 卻經歷了一場厄運。事情的起因如下：

二十世紀七〇年代初期，西方各國出現了一次空前的貨幣危機，促使各國紛紛採用浮動匯率制度。許多企業面對浮動匯率下

更加複雜莫測的商品市場和金融市場，深感力不從心，迫切希望利用更先進的電腦技術，以迅速、準確地傳遞和處理經濟訊息。有鑑於此，許多電腦公司紛紛調整決策，及時生產出適合企業使用的小型商用電腦和兼有打字及計算功能的文字處理器。但是，IBM 公司的決策者面對這一變局時卻猶疑不決，在維持既有產品生產的同時，只以極小批量試製新產品。結果，其產品競爭力迅速下滑，在當時全球商用電腦市場上，IBM 公司只占有百分之二十五的市場占有率，公司效益可想而知。

IBM 的受挫揭露了一個顯見的事實：企業決策者如果雄心不足，對風險望而卻步，就不能及時把握機遇，險中得勝。一般而言，任何決策都只能見效於無法預測的未來，因而必然具有一定的風險性。如果企業因應環境改變，必須涉足一個新領域，那麼所冒風險就會更大。但是，風險和利潤往往密切相關，風險大，參與競爭的人就會比較少，一旦獲勝就會取得可觀的利潤；反之，風險小，宛如群鷹追一兔，參與競逐的每家企業都分不到多大好處。

曾有個古老的日本商業故事如此記載：有兩名販賣大米的日本商人，每次出貨都要翻過一座極為陡峭的山峰，才能抵達與買方交易的地點。某日，兩人又一如往常地背著一袋大米上路。適逢當日風雨交加，路面濕滑，面對險峻的山路，一個商人不禁嘆道：「要是這座山再平緩一些就好了。」另一個商人聽了，不以為然地說：「我和你的想法正好相反，我反而希望這座山再高一些，如此一來我的競爭對手就會減少，我就可以賺更多的錢。」

羅曼‧羅蘭曾說：「舊思維叫我們迴避危險，但是新思維卻是不冒險就什麼也得不到。」

想在競爭中立於不敗之地，獲得高額利潤，企業決策者就必須具有敢於承擔風險、勇於開疆拓土的魄力和勇氣。

既是雙面刃，也是磨刀石

史詩巨著《伊里亞德》與《奧德賽》的作者荷馬（Homeros），於西元前八七〇年誕生在希臘境內小亞細亞的貴族家庭。這本應是傲人的出身，然而上帝卻賜給他一個艱險的挑戰，讓他在風華正盛的年少感染瘟疫，自此雙目全盲。

然而荷馬並不甘於眼前漆黑的世界，他深信這個世界必然有許多他所未知的繽紛，如果畫地自限，將終其一生與黑暗為伍。於是荷馬毅然決然離家遠行，展開了一段顛沛流離的流浪生活，四下走訪蒐集各種精彩動人的民間冒險故事，用心去感受雙眼所無法體驗的光明，因此創作了萬古流芳的偉大詩篇。

挑戰是一把雙面刃，他可以讓你握著披荊斬棘，卻同時讓你皮開肉綻、鮮血淋漓；但挑戰同時也可以是一塊磨刀石，可以讓前進的力道更加銳不可當。究竟是雙面刃還是磨刀石，就端視持有的人如何看待與運用。「盲眼」是荷馬的磨刀石，「失聰」是貝多芬的磨刀石，因為感官失去了知覺，使得他們更急切地要用心靈來與外界交流，前者以文字，後者以音符，成功地與世界展開一場動人的對話。

有「美國無產階級文學之父」的知名小說家傑克‧倫敦

（Jack London），他的命運有別於其它浸潤書香，優雅書寫的藝文人士，他不只用筆書寫，而是用坎坷的經歷描繪出下層人民的生活圖像。

傑克‧倫敦自幼就在貧民窟長大，甫小學畢業就進入罐頭工廠當童工，在惡劣的環境裡超時工作，領取微薄的薪酬，甚至無法維持個人的溫飽。到了十七歲時，他受雇到一條小船當水手，後來又輾轉入獄，淪落為苦工。

出獄後，傑克‧倫敦刻苦自修，考上了加利福尼亞大學，卻因繳不起學費而忍痛放棄。雖無法取得「受教育」的入場券，然而「學習」卻是沒有任何門檻，也讓傑克‧倫敦有機會在做工之餘，不斷精進內涵，靠著寫作長才尋出自己的一片天。

挑戰在成為磨刀石之前，也有可能把持有者刺得遍體鱗傷，但這些艱險不只在磨鍊個人的心志，同時也將未來之路磨得更加平滑，讓踏步其上的挑戰者，更為穩健地朝下一次風險邁進。

不當愚勇之輩

然而，所謂致富應當敢於承擔風險，絕對不是盲目蠻幹的同義詞。盲目蠻幹就是無論風險的種類、大小、性質、時機，都毫無所懼地前去挑戰，完全忽略風險與成本之間的關係，完全不問值得與否，一味地埋頭亂闖，如此一來非但無法掘獲埋藏風險當中的高額利潤，反而會將目前既有的一併陪葬。就像在巨浪之間航行，即使不畏滔滔凶險，卻連眼前的漩渦和急流都視若無睹，那麼船覆人滅的結局自然也可想而知。無論海的對岸埋藏著多少

金銀礦藏，又有誰能帶著它們衣錦而歸呢？

　　經商投資的風險恆然存在，既然無法消滅，就只能試圖降低和預防，柔軟的抵禦絕對比暴烈的衝撞來得更為成功，利潤扣除成本後剩下的盈餘才會更加豐厚，箇中關鍵就是「去冒值得的險」。

　　面對風險，我們應該採取以下幾個步驟：

一、分析風險

可以預見的危險稱為風險，無法預知的危險稱為意外。當決定採納某個決策，如進行創業、更換營運地點、變更產品走向……時，都可根據當前的政策、經濟等各方面環境，以及個人或企業掌有的資源，對可能發生的問題進行風險預測，列出所有可能產生的風險。

二、評估風險

既然風險已能預見，就可以對風險進行評估。評估風險的項目包括：風險可能影響的範圍（本公司、分公司、關係企業、合作夥伴……）？風險可能造成的損失估計？風險可能直接衝擊哪些人（最高決策者、股東……）？風險發生的機率多寡？諸如此類，為每種風險列出一張評估清單，以利接下來的預防計畫將之一一攻破。

三、預防風險

釐清風險來源之後，一定要採取最佳措施來降低風險發生的可能性或影響程度，例如對客戶進行詳細的信用調查、制定周密的收款措施、加強保全措施、將當日收益現金及時存入

銀行、對周圍環境進行調查、對可能發生問題的漏洞進行搶救……等等。但要切記的是，為了預防風險所使出的一切手段，也都必須計入成本之中。如何平衡成本與風險，必須毫不馬虎地做好審慎的計算。

四、轉嫁風險

轉嫁風險就是將可能發生的問題，透過各種可能的途徑，將之轉移到別處，以保全自家企業或個人。例如保險就是轉嫁風險的一種，每個人購買保險時都因年齡或其它條件的差距，繳納不同額度的保費，而所有保戶繳納的保費則集結成為一筆龐大的保險基金，並用以償付那些受到風險傷害的保戶。由此可見，保險正是把個人的風險，轉嫁到整體社會以分散個體風險、降低個人傷害的一種型式。

五、分散風險

「將雞蛋放在同一個籃子裡」的風險不言可喻，假若在有許多其它選擇，又無法確定何者能為自己帶來最大的利益時，分散風險就成為重大的考量。例如投資前除了應先進行分析、評估、預防等措施，還應進行跨領域的多方嘗試，切莫過分自信而單獨押注。

適當避免風險，但在避無可避的情況下挺身面對風險，就是勇者必備的特質，只有富於冒險，才能尋得事業發展的機遇，假若因循守舊，只會一事無成。

華人首富李嘉誠的企業經營領域橫跨地產、金融、酒店、石油、電力、貨櫃碼頭等業務，遍布全球五大洲。

一九五〇年，李嘉誠創辦長江塑料廠，主要生產玩具和日常用品；五〇年代後半期，歐美市場正逢塑膠花熱潮，李嘉誠便毅然決定改產塑膠花，將業務目標放在爭取海外長期訂單之上。

一九五七年直到一九六四年之間，李嘉誠不斷購入地皮和大廈，並於一九七一年組織了長江實業，一九七二年將其百分之二十五的股票投入股市，大舉獲利。

一九七八年，他又收購一間英資公司青洲英瓏的股票，果然又是巨額入袋。一九七九年，李嘉誠開始收購英資和記黃埔公司的股票，並順理成章成為這家公司的董事會主席。與此同時，他更同時打入匯豐銀行的副主席。

一九八四年之後，他再度收購香港電燈公司，逐步壟斷貨櫃碼頭。接著則是加拿大赫斯基石油公司、英國火車電報局的股權……。

香港《文匯報》曾載文評論道：「李嘉誠已是香港財政經濟界的一條猛龍，他的業務經營地域，早已超過太平洋。」

李嘉誠的成功雖由眾多條件所共同形成，但他能在茫茫商海之中慧眼獨具，多方投資各大領域，分散投資風險，則是他最終富甲一方的絕大因素。

膽大心細，險中求利

企業決策者應在洞悉企業自身特點及外部環境變化的基礎上，大膽制定經營決策，果斷地付諸實施。只有這樣，企業才能「化險為利」。**而懷抱雄心的前提首要為「心細」，就是要細心觀**

察，防微杜漸，時刻把握事物的前兆，掌握先機以求先發制人。敏銳的洞察能力、及時而果斷的行動力、「一葉知秋」、體察入微的「心細」，均為成功者必備之功。

其次，**冒險必須抓住時機**，一旦看準時機，就應如猛虎撲食，迅速敏捷，毫不猶豫。這就需要見多識廣，思路開闊，懂得哪些是機遇，哪些是陷阱。此外，**冒險還要事先考慮好「退路」**，一旦失敗，如何才能化險為夷。應急措施必須事先制定，做到胸有成竹，要冒險就要先買「保險」。

但是在激烈的市場競爭中，何時該冒險，又該冒多大的險，沒有任何一個理論能放諸四海皆準。原理、技巧可以為你提供一些基本的原則或想法，用以處理日常工作問題，但不能完全依靠它亦步亦趨。企業並非機器，機器的運作必須標準化、數據必須精確，加工的零件必須一致。而企業則不是機器，它是由人組成的綜合體，擁有太多不確定的因素。

「百萬富翁創造者」拿破崙·希爾，曾在他的成功學專著中說過這樣一個神奇的真實故事：

五十年前，一位年老的鄉下醫師駕著馬車來到美國某個小鎮。他拴好了馬，便悄悄從藥房的後門進入裡面，與一個年輕的店員談生意。在配方櫃臺的後方，這位老醫師與那個年輕店員低聲談了一個多小時，然後走了出去，從他的馬車上取出一個老式的大壺及一把木質的板子，把它們放在那個店員面前。店員檢查了一下大壺，便從口袋中取出一卷鈔票遞給醫師，總共是五百美元，那是年輕店員的全部積蓄。

那醫師於是又遞過一小卷紙，上面寫的是一個秘密公式。小紙卷上的公式和文字，現在看來價值簡直高到無法衡量。那上面記載著燒開這壺液體的方法。可是醫師和店員，誰都不知道那注定要從壺裡流出來的，是何等巨大的財富。

老醫師很高興他的寶物和所有專利權賣出了二三○○美元的高價，同時年輕店員則冒了很大的風險，他把畢生的儲蓄都花在這一張小紙卷和一只舊壺之上。當時的他根本不會想到，他的投資會使那個舊壺倒出了滾滾財源與希望。

這個舊壺的離奇際遇，從它的新主人把一種新的成分與秘密公式的配方混合以後便創下了奇蹟。這種新成分，那位老醫師根本就不知道。

那個舊壺是現在世界上最大的糖類消耗者之一，它為千千萬萬從事種甘蔗、製糖、賣糖職業的人們提供了發財的希望。

那個舊壺每年要消耗掉成千上萬的玻璃瓶，它為玻璃工人創下大量的勞動機會。

那個舊壺使全美國僱傭了與陸軍同樣多的店員、職員、廣告製作人員等，又為創作美麗圖畫以描繪產品的藝術家，帶來了名聲與財富。

那個舊壺使美國南部的一個小城迅速擴大為南方的商業重鎮。

年輕店員所冒的風險振盪了整個世界的飲品市場，經由那個舊壺倒出財通四海的「黃金」，給予它所接觸到的每一個人。這座龐大的飲料帝國「可口可樂」，就是由這個年輕店員——艾

薩‧坎德勒（Asa G. Candler）的冒險觀念茁長而來。

現實社會中的世界，既不是悲觀主義者眼中的無數道牆，也不是樂觀主義者心目中的無數扇門，而是由無數層牆和無數道門共同組成。只有學會在該退之時退，在該進之時進，才可在迷宮般的世界穿梭無礙。

美國通用汽車公司的總裁，也是著名經濟管理學家李‧艾爾考克曾說：「任何一位決策者都無法獲得確保計畫和決定萬無一失所需要的全部訊息，因為在當今科技高速發展的社會裡，當你掌握了可資利用的全部訊息時，也許它們此時已變得毫無價值，因為做決定的良機已經錯過，所以要想增加財富，冒險就成為必然。」

冒險當然擁有資本為支持和後盾，更需要事先周密細緻的思考，即基於理智的判斷，在該出手時才出手。雖然冒險本非賭徒式純碰運氣的嘗試，但是幸運必將青睞勇敢的人。

冒險，讓沒有本錢的人翻身

沒有本錢的人，應該如何才有可能發大財？

「冒險」，就是唯一的答案。

謹守本分、中規中矩，對沒有本錢卻又急迫需要改善現狀的人而言，毫不實際並且耗費時光。然而這裡並非指非法的鋌而走險，而是在合法合理的範圍內，尋求利潤最高，但成功機率可能有待商榷的機會。非法活動或許利潤高昂，但成本卻也足以致命，乃是毫不明智的選擇。

萬無一失的賺錢之道絕不存在，即使業已擁有百萬身家的富

豪也是如此，何況初出江湖，身無分文的赤手空拳者？因此，想賺錢就必須先勇於挑戰風險，害怕冒風險的人，永遠也沒有發大財的可能。

　　一九八五年，中國湖南湘西隆回縣的一個塑料製品廠，正逢危機四伏，幾經波折之後，由二十五歲的孫寅貴出任廠長。在他的帶領下，塑料製品廠起死回生，不僅還清了以前所有的負債，而且還多出百萬元盈餘。

　　然而，面對如此的錦繡前程，孫寅貴卻辭職不幹了。他帶著妻子、孩子，登上了北上列車，開始了人生的另一次冒險。而這時，他所有的全部家當是不多的款項和兩項專利發明。

　　到了北京，昔日的廠長成了再普通不過的平凡人，他沒有戶口，沒有朋友，沒有關係，沒有後臺，沒有多少本錢，有的只是一顆永不安分的炙熱雄心。他要憑藉自己的本領，赤手空拳打出屬於自己的天下。

　　為了謀生，他開始四處推銷他的小發明，錢也一小筆一小筆地賺了進來。七八個月之後，他擁有了一輛自己的飛雅特（FIAT）轎車。但這不是他進京冒險的目標，他的理想是擁有一家自己的大企業。

　　來到北京的第二年，孫寅貴向朋友借了五萬元，與人合資創辦了亞都建築設備製品研究所，由他出任董事長，在極端簡陋的條件下，開始了艱難的創業生涯。

　　他的第一個目標，是把加濕器引進中國市場。這個決定使孫寅貴走出了困頓的泥淖，在短短的五年之內，亞都的產值增加了

一百九十倍。

冒險的回報，使孫寅貴成了赫赫有名的企業大亨。然而，這樣的成就竟然還沒澆熄他繼續自我挑戰的雄心！

一九九一年，有了一定根基的孫寅貴又開啟了他的第二次冒險生涯。

在一次無意中聽見「倒進去的是自來水，壓出來的是礦泉水」這句富有創意的話語後，激發了孫寅貴的靈感。「礦泉壺」的概念迅速在他腦中形成。他決定把自己所有的家產，全部押在這種神奇的礦泉壺研發上。

這一次冒險，令他的許多朋友都非常吃驚。因為，誰都對礦泉壺的未來市場沒有把握，一旦失敗，就會傾家蕩產。孫寅貴耗盡許多年華得來的天下，為何不坐而享用，而要起而顛覆呢？

但孫寅貴心意已決，孤注一擲。

一九九一年的春天，孫寅貴註冊成立百龍綠色科技研究所，押注了自己所有的資產。同年七月二十日，首批百龍礦泉壺進入市場。由於孫寅貴營銷有方，巧妙地借助了電視劇《編輯部裡的故事》，使百龍礦泉壺走入廣大消費者家庭。訂貨單、匯款單如雪花似地飛來，這次孫寅貴又冒險成功了。

孫寅貴成功的經歷證實，冒險的次數越多，開花結果的可能性就越大，當然，這並不意味把所有的資金都投入某項投機性的事業，就有可能大展鴻圖，而是應當投資於具有風險性，但本身有足夠的考量和論據認為它前景光明的事業。

從加濕器到礦泉壺，孫寅貴的每一次冒險，絕對都有他本身

特有的依據。因為他所冒險的每一種事業，在便利性、實用性上均頗具市場，而且於大眾和社會具有一定的益處。只是由於他人沒有這種超前的預見，沒有出乎尋常的審時度勢能力，才認為孫寅貴的舉動荒唐可笑。

對每個沒有本錢的創業者來說，冒險是發財翻身不可分割的一部分。企業家不僅應是謀略家，還必須是有謀略的冒險家、野心家。成功的老闆，常常會發動果敢的變革或投資行動，有時幾乎是以公司命運作為賭注。這些行動風險極高，有些更是在公司發展初期，想要鞏固自己的市場地位時採取。因為毫無本錢，不冒險就沒有出路，要有出路即不得不冒險。

美國安全克倫公司總裁唐納・布倫曼決心要使自己的公司成為全國性公司，他在十八個月的時間裡，在全國各地開闢了一百多條新線路，藉以搶占全國市場。另一個相似的例子，是美國共同醫療系統公司的首腦詹姆・麥卡勒，他在公司創立的頭兩年，將資本額的百分之九十投入在電腦系統方面，以鞏固公司和最多客戶的關係，進而建立和形成對其它客戶提供優質服務的能力。

傑出的企業家一般都具有優越的判斷力和「識人慧眼」，能夠果斷地任命屬下，促進事業成功。世上沒有萬無一失的成功之路，動態的市場總帶有莫大的隨機性，要素之間的組合往往變幻莫測。謹慎並非與致富無緣，但可能會錯失許多機會；謹慎更非與致富衝突，切記：**所有成功冒險者在冒險之前的觀察評估，往往比任何人都還要謹慎！**

波蘭批判現實主義作家顯克微支（Henryk Shienkiewicz）曾

說：「如果我們沒有野心，不敢冒險，那麼我們將錯失很多。」

　　松下幸之助早年曾在大阪電燈公司工作，並組建了松下電器公司。而在公司剛成立之際，就遇上了經濟危機，市場疲軟，銷售困難。如何才能使公司擺脫困境、轉危為安呢？松下幸之助權衡再三，決定一不做二不休，拿出一萬個電燈泡作為宣傳之用，藉以打開燈泡銷路。

　　燈泡必須備有電源才能產生作用。為此，松下親自前往拜訪岡田乾電池公司董事長，希望雙方合作進行產品的宣傳，並免費贈送一萬個乾電池。一向豪爽的岡田聽了此言，也不禁大吃一驚，因為這顯然是一種很不合情理的冒險。但松下誠摯、果敢的態度，讓岡田終於答應了他的請求。

　　松下公司的電燈泡配上岡田公司的乾電池，發揮了最佳的宣傳效用。很快地，電燈泡的銷路直線上升，乾電池的訂單也如雪片般地飛來。

　　對於創辦不久、根柢不深的松下電器公司來說，一萬個電燈泡是個不小的數目。但松下在逆境面前敢於孤注一擲，鋌而走險，採取破釜沉舟的推銷行動，因此震撼了人心，形成了轟動效應，擴大了企業影響，樹立起了企業形象，使企業走出困境。松下公司從此聲名大振，業務興隆。

　　「幸運總是光顧勇敢的人」，冒險是表現在人身上的一種勇氣和魄力，往往具有吸引各種力量與機會的磁性。想要擁抱卓越的結果，就應當敢於闖蕩，敢於擔當。既有成功的欲望，又不敢冒險，怎麼能夠增進財富，實現偉大目標呢？

能量3
創意開拓新商機

　　「沒有你做不到的，只有你想不到的」，奇思妙想縱然只在腦裡生根，卻是行動的劇本，我們永遠無法期待糟糕的劇本獲得完美的詮釋，卻可以肯定創新的劇本絕對是舞臺上閃爍的一顆星。想他人之所未想，為他人之所不為，攻市場之不備，出顧客之不意者必獲大利。

　　一九一二年，經濟學家約瑟夫·熊彼得（Joseph Alois Schumpeter）在德文著作《經濟發展理論》中首次提出「創新」的概念，他指出，「創新」就是把生產要素和生產條件的新組合引入生產體系，即「建立一種新的生產函數」，其目的是為了獲取潛在的利潤。

　　創新是一種打破常規的行徑，是一種力圖繞行前人留下的足跡、超脫同儕共享的規範、甚至顛覆內在自我傳統思維的過程，在這過程中或許會有自闢蹊徑而踽踽獨行的孤單，也會有脫離團

隊而迷失方向的風險，但倘若行至終點發現繁花似錦、財寶如山，也只會由創新者獨自享有，或至少獲得最可觀的分量。

安東尼‧艾科卡（Lido Anthony Lee Iacocca）是一位經商怪才。他大學畢業後，意識到自己的個性最適合當推銷員。一九五六年，福特汽車公司在費城地區的銷量位居末位，艾科卡苦思冥想，想出一條妙計，叫做「花五六美元，買五六型福特」。也就是若買五六型福特，只需先付百分之二十的錢，餘款部分按每月付五十六美元分期付清。這種作法使福特汽車在費城地區的銷量一躍而位居榜首。爾後，艾科卡妙計頻出，屢建奇功，為公司創造了大量利潤，三十六歲就被提升為公司副總經理。一九七〇年底，他當上了福特公司的總裁。艾科卡的格言是：「絕不要安於現狀，任何人都可以創造自己的命運。」

當遇到困難時，艾科卡不從既有的途徑找解答，而選擇自行「創造解答」。全球網絡交互錯縱的非線性社會，只有非線性的創意，才能脫穎而出。優秀的企業不會只在危機的當下才將創意當作一種考量，而應該在每時每刻都不斷以「創意」自我挑戰。

在新經濟時代，創新無疑是生存之本。曾經風光一時的企業，都可能隨時因時代的變遷而式微，例如美國第二大報業集團論壇報（Tribune Company）曾經獨霸一方，卻因網路數位時代的到來，書面新聞市場大幅跌落，終於在二〇〇八年十二月申請破產。

然而，相較於美國報業的蕭條，臺灣傳統三大報卻仍然屹立不搖，正因能夠隨著時代創新發展，進行虛實整合。根據《數位

時代》一七六期「企業網站五十強」排行榜，聯合新聞網第一名、自由電子報第五名、中時電子報第十八名，雖然將報紙內容全數放在網路上，侵蝕了實體報紙的銷售，然而因透過網路平臺另外開發其它業務，反而有了更風光的春天。

美國雷頓公司總裁金姆曾當過推銷員。在一次訂貨會上，規定每人只有十分鐘上臺推銷的時間。金姆先將一隻小猴子，裝在用布蒙住的籠子裡帶進會場，輪到他上臺時，他將小猴帶上講臺，讓牠坐在自己的肩膀上，任其跳竄，一時間場內亂成一團。不一會兒，他收起小猴，場內恢復平靜，金姆只開口說了一句話：「我是來推銷『白索登』牙膏的，謝謝。」說完便飄然離去，結果他的產品風靡全美。

金姆採用的陪襯推銷法，獨出心裁，別具一格，短短一句話給人留下極深刻的印象，達到了最佳的廣告宣傳效果。

以上只是從幾個不同的側面展示了出奇的經營、生產和銷售帶來的效益。出奇是相對的，此一時為奇特，彼一時則可能就變為平庸，因此作為經營管理人員應不斷地去思索、挖掘和創造新奇的東西，才能以奇取勝，財氣大增。

突破思維定勢

思維定勢是什麼？思維定勢就是當人們想到什麼事物時，腦海中會立即出現的印象，例如樹葉的顏色、椅子的形狀等等，倘若能跳脫這種思維定勢的束縛，創造出讓別人無法聯想到的模式，勢必會讓人耳目一新，進而烙下深刻印象甚至引發風潮。

　　嘗試用這樣的故事來挑戰自己的思維定勢吧：

　　爸爸開車載著小明出去玩，結果不慎在半途出了車禍，爸爸只受到輕微擦傷，但是小明傷勢甚重，被爸爸緊急載到醫院開刀搶救。小明被送進開刀房後，外科醫師一看到手術臺上的小明，不禁驚呼出聲：「天啊！這是我的兒子！」

　　這是怎麼一回事呢？

　　有許多人左思右想始終猜不到答案，甚至會從各種離奇古怪的方向去猜測，其實這並不是腦筋急轉彎，只是非常簡單的生活狀況，但我們卻很容易陷入僵化思考而不自知，這類故事就是自我檢測極好的方式。

　　謎底在此揭曉：外科醫師是小明的媽媽。

　　社會上的性別刻板印象，經常認為醫生是男性、護士是女性，這種特定的性別與職業之間的連結，就是思維定勢的一種。除此之外，需要挑戰的思維定勢仍然數不勝數。由此可見，僵化的認知對我們影響何等根深蒂固！

　　正因絕大多數人都難以逃脫思維定勢的束縛，假使你能有所突破，進行創新思考，幾乎就可成為致富無往不利的法寶。

　　一座著名的高樓大廈，因為顧客數量不斷增加，電梯逐漸不敷使用，門口往往大排長龍，引來顧客的怨聲載道。於是電梯工程師和建築師反覆勘查現場，決定再加裝一臺新電梯。不久藍圖繪製完畢，施工準備也已就緒。

　　正當建築師和電梯技師在談論新計畫事宜之時，一名清潔工從旁經過，聽說了新建電梯的消息，不禁驚呼：「唉呀，那可要

弄得天翻地覆了，而且這棟大廈豈不得停止營業嗎？」

「沒錯，」建築師無奈地說：「只能暫時停止營業，這總比不加裝來得好。」

清潔工點點頭，離開前一面自言自語地說：「要是我呀，我就把新電梯安裝在大樓外面。」

建築師和技師兩人聞言面面相覷，半句話也說不出來。

最後這座大廈果然在外側安裝了一臺新電梯，成為建築史上的首創奇景，尤其能夠觀賞到外界景色的特性，反而讓它比內部電梯更廣受歡迎。

「不識廬山真面目，只緣身在此山中」，有時過分拘泥於先例和專業，反而無法創新；當發現自己靈思枯竭，不妨嘗試尋求一些局外人的意見，有時他人出於非內行的觀點，反而能讓人為之驚豔。

日本 SONY 企業創辦人之一盛田昭夫曾說：「對於創新來說，方法就是新的世界，最重要的不是知識，而是思路。」

由此可見，創新並不需要天才。創新只是一種追求更好的意念，只是從另一種觀點進行天馬行空的想像。天馬行空聽來毫不實際，但天馬行空中隱藏的可能，卻往往是在制式規範裡難得的瑰寶。

埃及豔后克麗奧佩特拉（Cleopatra）是古埃及時代的最後一位統治者。那時候，埃及是一個彈指之間就會被強大的羅馬帝國吞沒的弱小國家，但是，克麗奧佩特拉運用她的美貌、魅力和非凡才智，使古埃及得以生存了十八年之久。

　　克麗奧佩特拉是托勒密‧奧雷特國王的大女兒，奧雷特死前留下遺囑，讓她與大兒子托勒密十二世聯合執政，但是，獨裁的托勒密十二世把克麗奧佩特拉趕到了敘利亞。克麗奧佩特拉不甘失敗，在敘利亞組織了一支軍隊，準備與弟弟托勒密十二世決一死戰。就在這時，羅馬國內發生了內訌，扭轉了姐弟倆的一場戰爭。

　　羅馬的鐵腕人物朱利葉斯‧凱撒（Julius Caesar）為追殲背叛他的密友龐貝（Pompey）將軍而來到埃及。托勒密十二世先是熱情接待了倉惶逃竄的龐貝將軍，然後用計謀砍下了龐貝將軍的頭顱，並把龐貝的頭顱獻給了隨後趕來的凱撒。托勒密十二世本想討好凱撒，但凱撒很不高興，因為他不願意看到一個高貴的羅馬將軍被埃及人殺掉。

　　凱撒率領他的四千名羅馬士兵在埃及落腳。數天之後，一卷巨大的地毯被送到凱撒在亞歷山大的統帥部，托勒密十二世下令放行他討好凱撒還來不及，怎麼敢扣留送給凱撒的禮物呢？於是，地毯被送到了凱撒將軍的面前。凱撒看了看這卷巨大的地毯，命令士兵把地毯鋪開。

　　突然，一個美艷無比的裸身少女，微笑著從鋪開的地毯中走了出來。這個女人就是克麗奧佩特拉，當時，她只有二十一歲。

　　讓克麗奧佩特拉征服了的凱撒於是下令：恢復國王的遺囑，姐弟共同執政。

　　以送地毯為名，把自己送給凱撒這個奇計，使克麗奧佩特拉獲得了埃及王位。尤其一般的首領而言，習慣支配手邊的部屬與

資源，很少想到真正堪用的寶藏可能就在自己身上，這正是克麗奧佩特拉令人拍案叫絕之處。這種與常規「逆向」的思維，往往會帶來意想不到的效果。

思想僵化如同毒藥

一五八八年八月八日，西班牙海軍和英國海軍在格夫林（加來海峽南岸城市）附近進行了一場海戰。號稱「無敵艦隊」的西班牙艦隊，由於死抱著過時的「接舷戰術」不放，結果交戰不到三天，就被英國艦隊打敗，加上風暴襲擊，損失慘重，從此失去了在大西洋上的制海權。

西班牙艦隊共有一百二十八艘艦船，將近兩千五百門大炮。五月三十日，在梅迪納‧西多尼（Medina-Sidonia）公爵率領下，從里斯本出發，前往荷蘭各港口接運登陸部隊，將其送到英國沿岸進行作戰。英國艦隊有一百九十七艘軍艦，六千五百門大炮，在海軍總司令霍華德上將率領下，準備迎擊「無敵艦隊」。霍華德決定，以分散獨立的艦群，不斷攻擊航渡中的西班牙艦隊。

七月三十一日，「無敵艦隊」在普利茅斯附近被英國艦隊擊沉三艘軍艦。八月四日，又一艘旗艦在懷特島附近被英艦炮火擊傷。八月七日子夜，英國艦隊又對停泊在加來附近的「無敵艦隊」發起攻擊，靈活機動的戰術，瞬間打亂了「無敵艦隊」的陣腳。西班牙軍艦畏打，一艘艘倉惶撤退。

八月八日，英國艦隊在格拉夫林海追上了五十餘艘西班牙軍

艦，以優勢兵力對其進行攻擊。英艦機動性能好，火炮射程遠，力圖保持一定的距離，以利己方發揮炮火優勢，減少西艦的火力威脅。西班牙人則力圖靠近英艦，運用傳統的接舷戰術與英軍交戰。

但是英艦機動靈活，火力威猛，不斷進行炮擊，使西艦受到了嚴重損失。至戰鬥結束為止，西班牙共計十六艘軍艦被擊沉，而英艦僅有個別戰艦受了點輕傷。當夜幕降臨時，梅迪納‧西多尼決定繞過不列顛群島，返回西班牙。八月九日，西艦開始撤退，不料，艦隊在奧克尼群島附近遇到風暴，許多軍艦在愛爾蘭以西翻沉，只有六十艘帶著創傷的軍艦鎩羽而歸。

接舷戰術，即是我方船舷排成一列橫隊，逐步靠近敵方船舷，再由士兵跳上敵船與敵軍格鬥，或直接俘虜敵船。爾後隨著火炮威力增強，此種戰術逐漸沒落。西班牙艦隊正是忽略了戰術必須因時因地而變，固守舊制，僵化地使用這種曾為其贏得「無敵」美名的戰術；但時過境遷，火炮技術已有長足發展，無論是射程、彈種、彈丸威力都與以前大不相同。然而西班牙人無視這一事實，還依靠過時的裝備和技術，去和擁有先進裝備並訓練有素的對手作戰，怎能不敗呢？

由此可見，任何「成功」經驗，任何「有效」戰術，都只是一個具體階段的產物，把它當做金科玉律，必然注定碰壁。

創新讓財富唾手可得

比起其它諸多致富妙招，創新可稱為致富推手之冠。有了這

個特質，通常不僅多出冠於群倫的成功機率，而且成功的果實往往豐碩驚人，質量兼具地把事業推向頂峰。

　　放眼全球，能獲得豐厚利潤的動物園可說是寥寥無幾。原因無他：本地沒有的動物需要從外地運來，這些來自不同地方的動物習性各異，必須對牠們的生活環境進行改造，這需要大量的資金，但門票又無法提高，所以動物園一般來說都是慘淡經營。

　　在坦尚尼亞這個擁有大片熱帶草原的國家裡，充足的陽光、適量的雨水給各種各樣的熱帶動物提供了棲息的理想家園。因此，聯合國教科文組織（UNESCO）把這片熱帶草原列為人類自然環境保護區。

　　儘管有如此優越的自然條件，坦尚尼亞的國家動物園仍然門庭冷落，遊客稀少。究竟要如何使動物園擺脫依賴政府大力補助才能勉強維持的困境呢？這一度成為使坦尚尼亞國家動物園大傷腦筋的事。

　　就在一個偶然的機會，動物園的一位工作人員從報紙上的一則消息獲得靈感：在坦尚尼亞的一個偏遠鄉村，當地居民經常遭到狼的侵襲，牠們趁著主人不在，偷偷鑽進主人的屋裡偷雞或者其它食物，而當地居民一般都沒有在房屋上裝門的習慣，因此當主人外出時，孩子們就安全堪憂。有一位女主人想出一個好辦法，她到鐵舖裡打製了一個鐵籠子，外出時，她就把年僅兩歲的孩子鎖到鐵籠子裡。某天，她從外面回到家時，居然發現一隻餓狼圍著鐵籠子團團轉，她便拾起一根木棍將餓狼趕跑了。

　　這個工作人員很快從這則消息中想到：如果對動物園的遊客

和所觀賞的動物進行一下角色轉換，即把動物從籠子裡放了出來，遊客坐在汽車中觀賞動物，豈不是更新鮮、更有吸引力嗎？他很快就把這個構想向有關負責人提出，這個建議很快得到採納並付諸實施。

此招一出，果真一鳴驚人，從世界各地聞名而至的遊客如潮，絡繹不絕，從此，坦尚尼亞國家動物園便聲名大噪、譽滿全球。

坦尚尼亞動物園正是用這種「出乎意料」的逆向思維，巧妙地把人與動物進行「角色互換」，迎合了觀光者的好奇心理，更讓他們感受到宛如真正回歸到大自然的氛圍。這就是「野生動物園」的由來，後來更廣為各國仿效。「新思路開闢新財路」這句箴語是商界恆久不變的真理。

還有另一樣事物的誕生也依循著同樣的準則。盛田昭夫說：「我們的理念是，不跟在別人後面，不跟別人做同樣的事。」於是由他所創建領導的 SONY 集團，總是突破老舊傳統，開放出許多走在時代尖端的產品。

某日，盛田昭夫看到他的好友井深大提著一架笨重的錄音機，戴著耳機迎面走來。盛田昭夫問道：「你這是怎麼回事？」井深大回答：「我喜歡聽音樂，但又不願意吵到別人，所以只好戴上耳機。我不能整天待在自己房間裡，只好提著錄音機到處跑啦！」

盛田招夫的靈感突然被這句話觸動，新產品「隨身聽」的構想就此萌芽了。一般錄音機過於笨重，又必須空出一隻手來提

握，相當不便；倘若能縮小錄音機的規模，就能方便人們提著到處聽。

　　設計的難點在於把放音部分縮小。因為錄音部分的零件較小，只要放音部分的零件縮小的問題解決了，配上錄音裝置，全世界最小的錄放音機即可問世。研究人員完成放音機的縮小設計後，戴上耳機試音，結果意外發現聲音非常美妙，於是SONY公司決定將這種放音機推向市場。

　　一九七九年夏天，以年輕人為對象的時髦產品「隨身聽」轟動推出，一上市就造成搶購熱潮。原先SONY公司預估一年賣不到十萬臺，結果一年售出了四百萬臺，盛田昭夫也因此博得了「隨身聽先生」的雅號。

　　商人通常是極富創意的族群，又或者說，不具創意的商人很難在商場上自我撐持。《孫子兵法勢篇》中說：「故善出奇者，無窮如天地，不竭如江河。」意思是說，大凡打仗，一般都是用正兵抗敵，用奇兵取勝，所以善於出奇制勝的將帥，其戰法像天地那樣變化無窮，像江河那樣奔流不止。

　　戰場與市場雖不盡相同，但是高明的企業家能獨具慧眼，在生產經營中先知先行，為同行之所未想，為對手之所不能，使經濟實力蒸蒸日上。正如松下幸之助所言：「今後的世界，並不是以武力統治，而是以創意支配。」

　　然而，攻市場之不備，出顧客之不意，必須以先進技術為基礎，立足於市場實況和企業的實力。否則，欲高難攀，徒勞無益。

鍛鍊與培養創新意識

　　創新意識不會自然茁長，它仍然需要有意識地去培植與訓練。它是一種習慣，沒有之前或許怎麼嘗試都覺得難；但有了之後，就像戴上一副摘不掉的墨鏡，觀看萬物都蒙上一層截然不同的色彩。

　　鍛鍊和培養自己的創新意識，首先需要從以下幾點做起：

一、保持求知欲

　　創新不會憑空冒出，靈感就像火柴棒，要與燃質摩擦才會產生火花。此時，基於求知欲所獲取的資源和知識，就成為創新時的來源。或許有些人會疑惑，創新不是應當跳脫前例、告別陳言，為什麼又要從知識和經驗裡尋求創新？原因在於，創新不是學習和仿效，但是創新需要媒介的觸發。接觸和閱讀這些資源後，不要全盤挪用，但可以針對不同的情景、不同的對象等進行實踐，就像前述坦尚尼亞動物園的計畫來源一般，這樣仍然是一種創新。

二、保持對事物的好奇心

　　好奇心是對未知領域的探索興趣，它可以引領你走出自身的專業領域，讓你從其它領域的角度回頭審視自己改變的空間。就像不經由衛星，我們便看不見蔚藍的地球，要得知自己的盲點，只有轉換角度才能有所獲得。

　　好奇心是求知欲的具體表現，更是潛在的創造性因素。它扮演著重要的推動作用，通過驚奇、疑問等心理活動，誘導人們有選擇地主動頻繁接觸產生新奇感的客觀事物，進而激發

人們企圖尋求這一客觀事物的內在運作邏輯的願望。

三、要有創造的欲望

「創造」這是一種不滿足於現成思想、觀點、方法、功用，而希望在原有基礎上有所改變的欲望，表現為不安於現狀、不墨守成規的特質。有些人從小就排拒任何創造性的活動，例如繪圖、作文等等，而以自己「沒有天分」來搪塞。其實創造活動與才華並無必然關係，你或許會把蘋果畫得很糟，但是從你的筆觸可以得知你注意力中的蘋果呈現什麼模樣，而這顆蘋果往往獨一無二，與所有其它畫蘋果的人各不相同。如果你會在蘋果的邊緣打上光澤，代表你注意到蘋果作為立體物件的光影折射，這就是你特有的個人化觀點。

因此，絕對不要逃避創造，這絕對是累積你個人創新能力的一環。

四、學會大膽質疑、批判思考

我們經常聽聞「批判思考」、「獨立思考」這樣的名詞，究竟這些名詞代表什麼樣的意義？

俄國科學家巴甫洛夫（Pavlov）說過：「懷疑，是發想的設想，是探索的動力，是創新的前提。」提出問題是取得知識的先導，只有提出問題，才能解決問題，從而進行「創造性」地解決問題。

批判思考和獨立思考，正是對既有的觀念或現象提出質疑，把他人視為理所當然的現狀變得不以為然，嘗試去挑戰不同於常人的思路。例如，什麼樣的人容易得到憂鬱症？真的是

如主流媒體塑造的那樣，懦弱、畏縮、缺乏責任感，甚至更糟嗎？如果不是，那麼什麼樣的特質才有可能是正解呢？……這種不把答案當答案，甚至不接受答案的存在，正是大膽質疑，批判思考，走進創新的前提。

能量4

細節成就完美

　　細微之處見功夫，細微之處顯神機。許多人總認為富豪必須格局超群，眼界殊異，但很少人認為富豪必須見微知著，著眼細節，總認為在小處認真應是下屬的職責，本著大匠不斲的原則，身為企業主管應該站在高處仰望，而不應親入生產過程檢視。

　　然而，骨幹可以決定雛型，細節方能成就完美。有了優秀的企業創見，還要能將每個環節都如實完善，才能臻至最初構想中的原貌。細節往往為人忽略，因此能注意細節的企業，就容易獲得消費者的信賴，在戰場廝殺當中成為贏家。

　　眾所周知，美國工業巨擘奇異公司（General Electric，簡稱GE。中國內地稱為通用電氣公司）前總裁傑克・威爾許（Jack Welch）是企業管理界的大師，被譽為「世界經理人的經理人」。那年，在得知他正著手寫一本商業管理著作時，書名尚未確定，即被時代華納下屬的「時代華納貿易出版公司」，以七百一十萬

美元的天價，買下了該書在北美的發行權。

　　幾乎可以斷定的是，多數讀了這本書以及了解這位傳奇式英雄的人，認為他在管理學基礎理論上並無振聾發聵的創見。人們津津樂道的內容，反而是他作為奇異公司總裁，在長達二十年的管理實踐中所體現的管理細節，例如：手寫「便條」並親自封好後，發給基層經理人甚至普通員工；能叫出一千多位奇異公司管理人員的名字；親自接見所有申請擔任奇異公司五百個高級職位的人員……等等。在舉世知名的大公司中，很少有哪家公司的老闆能做到這些。正是這些細節的累積，造就了這位管理大師為人稱道的管理藝術。

　　再者，經理人員晉升應當通過考試這道程序，這是企業管理的常規，但每一家企業出什麼樣的考題，卻各有考量。人們可能想像不到，奇異公司出的試題既非來自經濟學典籍，也不是來自經營理論專著，而是要那些競爭高級職位的經理人，就莎士比亞的一部作品寫出一篇讀後感！

　　這種不按牌理出牌的安排，一般人可能覺得莫名其妙，但品出箇中真味的人才會發現，這個考題大有深意。該題考察的是管理人員的心理素質，包括體察社會心理的能力。在出題者看來，作為企業的高級管理人員，如果連一部世人皆知的文學作品中的人物心理都毫無所感，又怎能理解和面對公司內部成千上萬的雇員心理呢？如果理解不了雇員的心理，又談何「以人為本」的管理呢？我們知道，當代管理學特別強調的便是「以人為本」，威爾許本人正是一位實踐「以人為本」理念的管理大師。他的名言

是：「我們所能做的是把賭注押在我們選擇的人身上。因此，我的全部工作就是選擇適當的人。」

在這裡，莎士比亞的文學藝術與企業管理找到某種契合點。

其實，細節與藝術的關係早已不是什麼新話題。早在一九四一年，著名文藝批評家約翰·克羅·蘭色姆（John Crowe Ransom）就提出，使文學成為文學的東西不在於文學作品的框架結構、中心邏輯，而在於作品的細節描寫，只有細節才屬於藝術，也只有細節的表現力最強。相比之下，作為作品中心邏輯的框架結構反倒是非藝術的呈現。

在人才輩出的競爭場域中，若就一般的標準觀之，如創意性、完整度、實用性……等，可能各有千秋、不分軒輊，但倘若兩份水準相當的作品，其中一份提出了另一份所忽視的備案或論點，可能就是決定它脫穎而出的關鍵。就以企業常見的團體面試而言，眾人爭相發言，各有真知灼見，孰優孰劣，就取決於誰對細節觀察得特別敏銳，能說出一套讓主考官折服的見解。

1%的錯誤，會帶來100%的失敗

臺灣首富郭台銘的《郭語錄》中有一句：「魔鬼都藏在細節裡。」

細節得以決定成敗，但它又經常隱而不現，就像魔鬼一般經常令人驚嚇與扼腕。

明代鴻儒方孝孺，就以〈指喻〉一文來說明「天下之事，發於至微，而終為大患」的道理。〈指喻〉的大意在說，有一名姓

鄭的人，平素身強體健，氣色紅潤，從來沒染上什麼疾患。某日，他發現左手拇指上有一個米粒大小的隆起，並且隨著時日不斷長大，但向旁人談起，旁人卻總是不以為然。

又過了幾天，鄭君的拇指已經腫脹不堪，而且整隻左手都感到刺痛，只好求助大夫。大夫一看，十分驚異地說：「這種病若不及早根治，雖然只長在拇指上，但最後可能危及生命。你現在才來治療，沒有三個月是難以治癒的；但如果你再晚一些來，恐怕還會危及整支手臂或其它臟器呢！」

這個故事寓意十分簡單，主旨就在於「防微杜漸」四字箴言。一般人總以為重病之徵，非腦即心，卻不知道其它部位的異常，也有致命的可能，而且正因微不足道，反而容易被忽略拖延，釀成更嚴重的後患。

若將此種理論延伸到企業管理的範疇，就像每間企業都有其獨樹一格的產品與服務，也有其堅不可破的企業理念與信仰，尤其在同質企業之間更難定其高下，也正是因此使得市場競爭如此風起雲湧，險象環生。這種情勢使然，「細節」便成了兵家必爭之地，誰掌有細節優勢就穩操勝券，反之則敗北而歸。即使細節只有百分之一的差距，卻可能會導致百分之百的失敗。

從細節創建優勢

美國學者戴維．科利斯（David J. Collis）在《創建公司優勢》一書中表示，任何一種戰略，即使其成就再輝煌，也不可能對所有的公司產生實效，因為每個公司都有不同的起點，都在不同的

背景下運作，都有基本不同的資源類型，因此，並不存在一種能適用於各行各業的最佳解決方法。更何況，即使是同一類型、同一家企業底下，每一筆生意也是獨一無二，成交與否的關鍵在於企業家針對具體環境處置問題的原創性和想像力。

　　那麼，原創性和想像力從何而來？自然是從生意本身的特質來量身訂作。

　　假若你是一位女性服飾店員，眼前的中年婦女顧客，和昨天的年輕少女顧客能夠一概而論嗎？她們之間主要的分殊點在哪裡？決定她們之間分殊的細節又在哪裡？如果眼裡只能看見年紀，那絕對不叫作看見細節的能力，那是客觀事實，任何人——即使不是你的競爭對手——也能夠看出的顯見事實。

　　那麼，細節藏在哪裡？細節可以因時、因地、因人而變動。昨天的年輕少女，手裡是否挽著一位伴侶？此時推薦衣服就不能只針對少女個人，而要同時拉攏伴侶的認可；而今日的中年婦女，手裡是否牽著一位兒童？此時你就不必徵求兒童對衣服的認可，但是推薦衣服時卻可以考量：對一位攜持幼子的女性而言，怎麼樣的穿著才是最方便的？附有蕾絲、緞帶或易皺的材質，是否容易被孩童拉扯或弄皺……？能注意到這點的店員，可以說幾乎就成功地掌握了商機。

　　「泰山不拒寸壤，故能成其高；江海不擇細流，故能就其深。」細節雖細，能量不小。只有注重細節，才能捕捉到更多的機遇；只有注重細節，才能更穩健地踏上成功之路。細節體現藝術，細節成就完美，細節雖然微小，卻常有過人的生命力與驚人

的表現力。每個人都要用成就藝術的態度來開展工作，要把自己
的工作看成一件藝術品，對自己的工作精雕細琢。唯有如此，你
的工作才能成為一件優秀的藝術品，也才能經得起人們細心地觀
賞品味。

切記：**大家都看得見的事物不見得會被「看見」，但大家都
看不見的事物，一旦得到點破，往往會燦爛奪目**。這句話一針見
血地點出了細節的重要。顯而易見的事物因為平凡無奇，不見得
能在大眾心裡激起漣漪；然而那些平時忽視的成分，在旁人點醒
之下，綻放出來的光耀則將十分眩目。

豐田汽車公司百分之三十的汽車，是分由世界上二十五個國
家和地區製造，但是那些地方的經營銷售，無一比得上日本本
土。麻省理工學院的教授麥可‧庫蘇馬諾（Michael Cusumano）
說：「甚至豐田自己也不能在豐田汽車城外創造同樣的效率。他
們的系統龐大而獨特，別人難以照搬。豐田設在美國的工廠是北
美最好的，但它們裝配一輛汽車的時間仍然比國內的工廠要多出
百分之三十到五十。」

的確，企業管理最忌諱的是大而化之，精幹細微才能真正提
高管理水準。企業管理應該像臺灣的「經營之神」王永慶所言，
不能只重視「面」和「線」，而忽視了「點」；應該重視「點」，
「點」真正完善到某種境界後，「線」和「面」的完善就會容易
許多。各事物的基本問題還是在「點」上，而「點」的改善將是
無窮無盡，如何畫好「點」，則體現了細節的藝術。

喬‧吉拉德的公司和福特公司都是美國著名的汽車銷售公

司。有一天，一位穿著普通的中年婦人來到喬‧吉拉德的展銷廳，她對銷售人員說：「我的表姐買了一輛福特汽車，不僅外觀突出而且性能良好，所以我也想買一輛，但是對面的福特公司說一個小時後再讓我過去，所以我就過來這裡逛逛。」

喬‧吉拉德並沒有因為婦人表示對「敵人」的友好而有所芥蒂，反而非常熱情地向她展示展銷廳內的各類車種。雙方寒暄之中，喬‧吉拉德得知今天是這位中年婦人的生日，隨即向她致以熱情的祝福，同時悄悄囑咐了旁邊的店員，讓他暫時離開。不久後，那位離開的店員回來了，手裡捧著一束鮮花交給喬‧吉拉德，由他將鮮花遞給了這位婦女，表示對她生日的祝福。

此時的中年婦人更是滿心歡喜，說道：「剛才到對面的福特銷售處，因為他們的銷售人員看我穿著普通，以為我買不起車，所以藉口出去討債，讓我一個小時以後再過去。」

喬‧吉拉德見到時機成熟，便接著中年婦人的話說：「太太，無論您是否要買車，喬‧吉拉德都非常歡迎您來這裡參觀我們的車種，並且竭誠為您介紹。從剛剛到現在，您是否對我們哪輛車產生了興趣呢？」

就在喬‧吉拉德出色的應對之間，婦人從他們那兒買走了一輛白色轎車。

喬‧吉拉德的成功之處，就在於他**不僅重視小處，並且同時「刻意」忽略了大處**。大處就是中年婦女的普通衣裝，一般人都可以看見，並且由它對中年婦人做出各種臆測和評斷。但喬‧吉拉德刻意忽略了這點，從其它地方來評量婦人這位買家──從她

對於車輛的仔細觀察、詢問和聆聽的過程，可以明確她確實擁有「買車」的意圖，而非只是走馬看花的過客。即使她當時鍾情的是福特汽車，但對於未成定局的潛在買家，喬‧吉拉德選擇的是不放棄，抓緊細節繼續挖掘，這時候，另一條線索再度出現——原來今天是中年婦人的生日。

一般銷售人員聽到顧客生日，頂多只會進行口頭恭喜，但喬‧吉拉德為了抓住眼前的潛在客戶，用心為她安排驚喜，再將她的心往自己這裡拉攏了一寸，並同時套出她對福特公司的不滿。如此步步為「贏」，緊咬細節，就是成功的捷徑。

在當今競爭激烈的現實社會，細節會以多種表現方式影響我們的工作和生活。對於工作的細節和生活的細節，我們都應該「如臨大敵」，毫不輕忽。

生活就像無限拉長的鏈條，細節如同鏈條上的鎖扣，沒有鎖扣，鍊條只會是一節節的斷裂和紛陳。歷史就像日夜奔騰的江河，細節如同注入江河的支流，沒有支流，哪有江河？回味生活，翻閱歷史，不難發現，只有細節的完全，才能跳躍出激情；只有細節的完美，才能塑造出精彩；只有細節的完美，才能成就大事，走向成功。

1　自信的有無足以左右命運的走向，當所有主客觀條件都完全
　一致時，它仍然扮演成功與否的關鍵。自信經常會帶來正面
　的第一印象，反之，缺乏自信卻讓人覺得不夠大方直接。若
　能懷抱自信面對打擊，在人際交往、樂觀態度等方面都將有
　積極的提升。

2　冒險與財富是一體兩面，因為大多數人往往對冒險唯恐避之
　不及，爭先恐後的人少，為少數勇者獨占的利潤就越為可
　觀。然而，冒險絕非盲目蠻幹的同義詞，而是「去冒值得的
　險」。所有成功冒險者在冒險之前的觀察評估，往往比任何人
　都還要謹慎！

3　創新是一種打破常規的手段，是一種力圖繞行前人留下的足
　跡、超脫同儕共享的規範、甚至顛覆內在自我傳統思維的過
　程。創新並不需要天才，只要能逃脫思維定勢的束縛，幾乎
　就可成為致富無往不利的法寶。

4　細微之處往往蘊藏著真正的本事，致富除了必須格局超群，
　眼界殊異，更要懂得見微知著。骨幹可以決定雛型，細節方
　能成就完美。在開發創見之後，對於細節審慎推敲，可能就
　是決定它脫穎而出的關鍵。

逆轉成功的智慧錦囊
M形時代的升級寶典
教你如何谷底翻身，化危機為奇蹟！

你的人生如何逆轉勝？

王展智◎編著
定價：260元

人生是由一連串的跌跌撞撞組成的，「失敗」是走向更高地位的開始！
一次的跌倒沒什麼，就怕你一跌不起變成習慣，
逆境成功學，教你如何越挫越勇，告訴你敗局翻身的關鍵，
讓你每一次的蹲下都能再跳得更高、更遠！

為什麼沒有業績

三宅壽雄、張立全
◎編著
定價：260元

面對客戶，你真的準備好了嗎？
本書將告訴你晉升百萬年薪的銷售心法，
處理客戶的反對問題，解決最棘手狀況，
突破障礙，搞定客戶，成功爭取訂單，用業績成就自己！

M型社會也不怕讓老闆非用你不可

劉砡潔◎編著
定價：260元

M型社會來了，你焦慮嗎？
你是企業爭相網羅的「績優股」呢？
還是即將面臨被裁員的「淘汰股」呢？
本書將告訴你在M型旋風下，
你該如何向上提升自己、能力Upgrade
讓自己更有競爭力，成功向右段班靠攏！

說故事的行銷力量

歐陽風◎編著
定價：260元

說行銷故事，讓行銷神乎奇技
最絕妙的故事，連行銷大師都說讚！
如何在激烈的競爭中賣出更多的產品？
本書故事中的經驗法則告訴你，Top Sales必備的行銷知
教你如何創造客戶需求、擄獲消費者的心，
早一步攻占市場，衝出長紅好業績！

國家圖書館出版品預行編目資料

月薪兩萬初，財庫怎麼補? / 陳富生 著. -- 初版.
-- 新北市：創見文化, 2013.07　面；　公分
(成功良品；56)
ISBN 978-986-271-365-5 (平裝)

1. 成功法　　2. 財富

177.2　　　　　　　　　　　　102008655

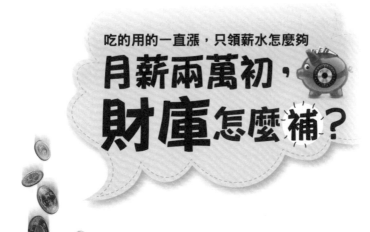

成功良品 56

月薪兩萬初，財庫怎麼補？

出版者／創見文化
作者／陳富生
總編輯／歐綾纖
主編／蔡靜怡
文字編輯／馬加玲
美術設計／蔡億盈

本書採減碳印製流程
並使用優質中性紙
（Acid & Alkali Free）
最符環保需求。

郵撥帳號／50017206 采舍國際有限公司（郵撥購買，請另付一成郵資）
台灣出版中心／新北市中和區中山路2段366巷10號10樓
電話／（02）2248-7896　　　　傳真／（02）2248-7758
ISBN／978-986-271-365-5
出版日期／2013年7月

全球華文市場總代理／采舍國際有限公司
地址／新北市中和區中山路2段366巷10號3樓
電話／（02）8245-8786　　　　傳真／（02）8245-8718

全系列書系特約展示
新絲路網路書店
地址／新北市中和區中山路2段366巷10號10樓
電話／（02）8245-9896
網址／www.silkbook.com

本書於兩岸之行銷（營銷）活動悉由采舍國際公司圖書行銷部規畫執行。

線上總代理 ■ 全球華文聯合出版平台 www.book4u.com.tw
主題討論區 ■ http://www.silkbook.com/bookclub　　◎ 新絲路讀書會
紙本書平台 ■ http://www.silkbook.com　　◎ 新絲路網路書店
電子書平台 ■ http://www.book4u.com.tw　　◎ 華文電子書中心

Ⓑ 華文自資出版平台　　全球最大的華文自費出版集團
www.book4u.com.tw　　專業客製化自助出版．發行通路全國最強！
elsa@mail.book4u.com.tw
ying0952@mail.book4u.com.tw

創見文化，智慧的銳眼
www.book4u.com.tw　　www.silkbook.com